国家自然科学基金青年科学基金项目"品牌排斥现象中的消费者自我保护动机研究"（编号：71602129）

排斥反应的性别差异

威胁差异的视角

王紫薇 著

Paichi Fanying De
Xingbie Chayi

中国社会科学出版社

图书在版编目（CIP）数据

排斥反应的性别差异：威胁差异的视角 / 王紫薇著 . —北京：中国社会科学出版社，2018.11
ISBN 978 - 7 - 5203 - 3253 - 8

Ⅰ.①排… Ⅱ.①王… Ⅲ.①消费者—性别差异—行为分析 Ⅳ.①F713.55

中国版本图书馆 CIP 数据核字（2018）第 233376 号

出 版 人	赵剑英
责任编辑	卢小生
责任校对	周晓东
责任印制	王 超

出 版	中国社会科学出版社
社 址	北京鼓楼西大街甲 158 号
邮 编	100720
网 址	http://www.csspw.cn
发 行 部	010 - 84083685
门 市 部	010 - 84029450
经 销	新华书店及其他书店
印 刷	北京明恒达印务有限公司
装 订	廊坊市广阳区广增装订厂
版 次	2018 年 11 月第 1 版
印 次	2018 年 11 月第 1 次印刷
开 本	710×1000 1/16
印 张	10
插 页	2
字 数	147 千字
定 价	60.00 元

凡购买中国社会科学出版社图书，如有质量问题请与本社营销中心联系调换
电话：010 - 84083683
版权所有　侵权必究

摘　　要

社会排斥在学术界正在引起越来越多的重视。社会排斥在日常生活中经常发生，在多个方面对个体有显著影响，而且有相互矛盾的研究发现。本书主要关注性别对社会排斥影响的调节作用，并进一步讨论其在营销领域的效应。

从以往文献中发现，在情感、态度、行为方面，女性会对社会排斥有更显著的反应，揭示出女性可能对社会排斥更为敏感。但是，结合社会排斥的需求威胁模型和性别的能动性—社交性目标理论，本书提出男性和女性都会受到社会排斥的影响，但其影响方式是不同的。其中，男性对于社会排斥中的效能威胁更为敏感，而女性对于社会排斥中的关系威胁更为敏感。在此基础上，本书从三个方面讨论性别在社会排斥影响中的作用及其营销应用。

本书首先采用了自我关注作为因变量，揭示社会排斥—性别的交互作用的存在及其内在机制。其次研究社会排斥—性别交互作用对于消费者行为的影响，具体讨论以上交互作用对于男性的金钱追求和女性的关注追求的影响，表现在薪水选择偏好、显性产品选择偏好和美丽产品支付意愿上。最后将社会排斥拓展到品牌排斥，研究不同性别的消费者对于排斥他们的品牌会有怎样不同的反应。

本书通过实验的方式验证了三个部分共七组假设。实验的基本方式为组间实验，将男性和女性被试随机分配到被接纳组和被排斥组后，观测其后续认知、态度、行为反应。实验结果显示：（1）社会排斥会增强男性被试的自我关注程度以及女性被试的他人关注程度，干扰不同被威胁需求时以上效果会受到相应影响；（2）社会排斥鼓励男性被试选择更高薪水且更高工作量的兼职工作，鼓励女性被试选择显性产品和美丽产品，且以上效果受到自我关注程度的中介；（3）品牌排斥会显著降低女性被试对品牌的购买和推荐意愿，但不会显著影响男性被试，对于品牌的评价可以中介以上效果。

本书为社会排斥—性别交互作用提供了一个完整的理论分析框架，展示出男性和女性在社会排斥中受到不同方式的影响进而产生不同的应对方式。最终概括了本书对于社会排斥研究、性别研究以及社会交互的营销研究的贡献，并讨论了本书的研究不足以及对未来研究的展望。

目 录

第一章　引言 …………………………………………………… 1

第二章　文献回顾和理论基础 ………………………………… 4

　　第一节　社会排斥的影响 ………………………………… 4
　　第二节　社会排斥的需求—威胁模型 …………………… 10
　　第三节　效能需求和关系需求 …………………………… 13
　　第四节　威胁敏感度的性别差异 ………………………… 15

第三章　假设提出 ……………………………………………… 18

　　第一节　自我关注影响 …………………………………… 18
　　第二节　消费者行为影响 ………………………………… 22
　　第三节　品牌排斥 ………………………………………… 25

第四章　实验和数据分析 ……………………………………… 29

　　第一节　自我关注影响 …………………………………… 29
　　第二节　消费行为影响 …………………………………… 49
　　第三节　品牌排斥 ………………………………………… 70

第五章　结论和讨论 …………………………………………… 91

　　第一节　结论 ……………………………………………… 91
　　第二节　后续实验 ………………………………………… 92

  第三节 研究贡献 …………………………………… 99
  第四节 研究局限和展望 ……………………………… 101

附录 ……………………………………………………………… 104
  一 社会排斥操控方法 ………………………………… 104
  二 调节变量操控 ……………………………………… 108
  三 品牌排斥操控 ……………………………………… 110
  四 排斥相关测量 ……………………………………… 111
  五 自我关注测量 ……………………………………… 112
  六 因变量测量 ………………………………………… 113
  七 实验一回忆任务回答汇总 ………………………… 115
  八 实验五中介检验数据 ……………………………… 121
  九 实验六中介检验数据 ……………………………… 125
  十 实验七中介检验数据 ……………………………… 128
  十一 实验十中介检验数据 …………………………… 132

参考文献 ………………………………………………………… 137

第一章 引言

人类是一种社会性生物，其社会属性根植于人类进化的漫长过程中。早期的人类以群组或部落的形式聚集在一起，这有利于保护人类在恶劣的环境中生存和繁衍；在现代社会，人们也会通过类似的聚集关系来互相支持、互相帮助和互相关爱（Twenge, Baumeister, DeWall, Ciarocco and Bartels, 2007）。人们希望能够获得他人的接纳，正如莱维塔斯等（Levitas et al., 2007）总结的那样，社会接纳对人类的重要性至少体现在三个基本方面：社会接纳可以为人们提供资源、参与和生活质量保证。

尽管获取社会接纳对人类来说十分重要，但身处社会中的人们还是会时不时体验到社会排斥。比如，人们可能会在试图加入他人的闲聊时被无视，可能会与好朋友决裂，也可能会发现同事没有邀请自己参加他的生日派对。社会排斥的经历在日常生活中并不罕见，而多个相关学术研究证实，社会排斥会对人的认知、情感、行为甚至健康产生很大的影响（DeWall, Maner and Rouby, 2009）。

社会排斥的影响是广泛而深远的，也是多样的。对于不同的人来说，社会排斥可能会产生不同的影响。以往的文献研究了很多可以调节社会排斥影响的个人因素或环境因素，而本书将重点关注其中的一个因素，即性别。本书提出，男性和女性会有不同的社会排斥反应。在有关社会排斥和性别的文献中，已有研究支持了这一论断。比如布莱克哈特等（Blackhart et al., 2009）的元分析发现，面对社会排斥经历时，女性会比男性有更强的情感反应；威廉斯和萨默（Williams and Sommer, 1997）发现，被排斥的女性在工作过程中会更努力地工作以寻求社会补偿,而男性则更倾向于"搭便车";面对人际威胁时,女性更容易表现出嫉妒的情绪(Parker, Low, Walker and Gamm, 2005);且面临排斥威胁时女性更容易形成防御性联盟(Benenson, Markovits, Thompson and Wrangham, 2011)。

以上研究结论体现出了性别在社会排斥影响中的调节作用,却没能提供一个完整的社会排斥中的性别分析框架。从以上研究结论中可以看到的是女性对社会排斥的反应比男性更强,但这并不意味着社会排斥给女性带来的影响大于其给男性带来的影响。本书提出,社会排斥会对男性和女性都带来影响,但不同性别的个体理解和处理社会排斥的方式是不同的。通过结合社会排斥领域的需求—威胁模型(Williams, 2007)以及性别领域的能动性—社交性目标理论(Bakan, 1966),本书开发出了一个整合模型用以研究社会排斥—性别交互作用。其基本思路是:男性会对社会排斥的效能需求威胁更为敏感,女性则会对社会排斥的关系需求威胁更为敏感,不同的认知导致了男性和女性不同的排斥应对方式。

在探讨排斥—性别交互作用的内在机制之外,本书还希望了解该效应在营销方面的应用。近年来,有越来越多的营销学者开始关注社会排斥对于消费者行为的影响,比如,有学者研究社会排斥对消费者怀旧性产品偏好的影响(Loveland, Smeesters and Mandel, 2010)、对消费者的附和性购买行为的影响(Mead, Baumeister, Stillman, Rawm and Vohs, 2011)、对消费者显性产品购买和捐助行为的影响(Lee and Shrum, 2012)、对消费者财务方面冒险行为的影响(Duclos, Wan and Jiang, 2013)、对消费者品牌决策的影响(Dommer, Swaminathan and Ahluwalia, 2013)、对消费者独特性产品选择行为的影响(Wan, Xu and Ding, 2014)、对消费者拟人化产品选择行为的影响(Chen, Wan and Levy, 2017),以及对消费者转换行为的影响(Su, Jiang, Chen and Dewall, 2017)。本书将从两方面对已有研究进行拓展:一是通过消费者的特定消费行为展示不同性别的消费者应对社会排斥的不同方式;二是将研究边界从人际排斥拓展到品牌排斥，研究不同性别的消费者如何面对排斥了他们的品牌。

　　本书研究试图为社会排斥中的性别差异奠定一个坚实的理论基础，并将其拓展到营销范畴，研究不同性别的消费者对于社会排斥的不同反应。本书第一章对社会排斥领域的相关文献进行回顾，然后结合需求—威胁模型和能动性—关系性目标模型提出本书的理论框架。假设和实验将本书主要内容划分为三部分：第一部分即第二章研究社会排斥—性别交互作用的内在机制；第二部分即第三章研究社会排斥—性别交互作用对于消费者行为的影响；第三部分即第四章研究性别在品牌排斥中所起到的作用。第五章就本书的研究贡献和不足进行讨论及总结。

第二章 文献回顾和理论基础

社会排斥是源于社会学领域的概念，反映了社会结构的不平等，以及其在经济、政治、文化等层面的体现。不过，目前，心理学关注日常生活及人际交往中的社会排斥，探究人们的情感、认知、行为甚至生理反应。但心理学对于社会排斥的定义并不是十分明晰，比如，威廉斯（2007）就将社会排斥模糊地定义为与他人区隔开。为了进一步明确其内涵，本书回归了社会政治学领域，在社会排斥研究比较成熟的区域内寻找更为精确的定义。Burchardt、Grand 和 Piachaud（1999）曾为社会排斥提供了一个认可度较高的定义："当一个个体（1）在地理位置上处于一个社会之内，（2）却无法参与该社会公民的正常活动，（3）尽管他或她本人希望能够参与这些活动，却因为自己不能控制的因素被阻隔了参与的机会，那么这个个体就被社会排斥了。"通过结合上述定义并限定于人际关系层面，本书将社会排斥定义为"人们没能获得自己预期的关注、接纳和互动的状态"。

第一节 社会排斥的影响

正如对生理性死亡的恐惧是人类最有力的原始驱动力之一，对社会性死亡的恐惧同样可以给人们带来深远的影响。Baumeister 和 Leary（1995）总结说，建立和维持稳定的人际关系对人类来说是一种基本需求。根据马斯洛的需求层次理论，社会归属需求是个体在生理温饱和安全追求之后最重要的一项需求（Maslow，1943）。社会排斥意味着人际关系的断裂和死亡，直接威胁到了个体的基本归属需求，故而会直接在多方面给个体带来重大影响。之前的心理学文献对于社会排斥的影响做出了很多研究。

一 认知和情感影响

在认知和情感方面，关于社会排斥的研究主要集中在两个方面的主题上。

（一）社会排斥会让个体进入一种认知解构状态来进行自我保护

Twenge 等（2003）将这种认知结构状态定义为内在的麻木感，可以表现为多种形式，并认为，这种麻木可以帮助个体免受社会排斥带来的冲击。具体来说，麻木感可以让被排斥的被试感知到时间流速更为缓慢；让被排斥被试采取更关注现在的思维方式，并建议朋友选择起薪更高但未来薪水增长可能性更低的职位；让被排斥被试更认同生活是无意义的；减少被排斥被试的思维活跃度；促使被排斥被试产生自我意识逃离，让他们更不愿意坐在镜子对面；且在详尽的情绪测量表中被排斥的被试未体现出比被接纳被试更明显的情感变化，而在内隐情绪测试中被排斥被试选择的情绪词汇则显著少于被接纳被试，展示出社会排斥对被试情绪的抑制作用。与此同时，社会排斥会降低逻辑和推论等智力型思考的速度和准确度（Baumeister，Twenge and Nuss，2002），让被试在 IQ 测试和分析测试中得分更低，且作者通过三个递进式的实验排除了情绪唤醒的作用，并排除了排斥经历影响个体的信息接收能力的可能解释。而整体来说，被排斥的个体对于生命意义的整体感知也会降低（Stillman，Baumeister，Lambert，Crescioni，DeWall and Fincham，2009）。根据 Baumeister（1991）的理论，人们在评价生命的意义感时会从四种基本需求出发，分别为目的性、效能感、价值感和自我价值感。而社会排斥通过降低了这四种需求表现最终降低了被试的生命意义感评价，其中自我价值感的效应更为显著。有趣的是，社会排斥造成的意义感缺失还会激发个体更努力地去生成意义、寻求意义,进而导致个体更容易接受阴谋论和迷信观点(Graeupner and Coman,2017)。另外,一项针对4—6岁孩子的长期追踪调查发现,被排斥与自我控制能力的降低也是直接相关的(Stenseng, Belsky, Skalicka and Wichstrom, 2015)。在认知影响之外,这种麻木感甚至可以拓展到生理领域。DeWall 和 Baumeister(2006)发现,社会排斥会提高个体对于疼痛的容忍度和感受到疼痛的门槛,从而让个体对于生理和情感的疼痛更为不敏感。

另外一些研究则认为,社会排斥会引发一些特定的感受,而非统一让个体进入麻木状态。MacDonald 和 Leary(2005)提出,社会排斥会和生理疼痛一样让人感到疼痛,因为大脑处理生理疼痛的区域同样会被激活。而神经科学领域的发现也支持了上述说法。研究表明,社会排斥会激发个体大脑中与疼痛感知相关的前侧扣带回(Eisenberger, Lieberman and Williams, 2003),以及右腹外侧前额叶和背侧前扣带回(Yanagisawa et al., 2011)。对于上述研究的冲突性结果,有学者提出,结果的差异可能在于排斥操控方法的强弱程度不同(Dewall and Baumeister, 2006)。另外,Zhong 和 Leonardelli(2008)发现,社会排斥会让人感到周围更为寒冷,并更渴望温暖的事物。后续研究也发现,社会排斥会导致人们的皮肤温度下降(Ijzerman et al., 2012),让个体更喜欢泡温暖的热水澡(Bargh and Shalev, 2012),而物理上的温暖感受也能降低社会排斥导致的生理冷感(Murphy and Standing, 2014)。

(二)社会排斥会让个体对于社会信息更为敏感

被排斥的个体能够更好地辨认脸部表情和声调(Pickett, Gardner and Knowles, 2004),分辨真笑和假笑(Bernstein, Young, Brown, Sacco and Claypool, 2008),以及选择性记忆更多的社会相关的事件(Gardner, Pickett and Brewer, 2000)。与此同时,被排斥的个体一方面会表现出对于社会接纳的选择性关注和偏好,比如更关注与社会接纳相关的信息(DeWall, Maner and Rouby, 2009),对真笑有更大偏好(Bernstein, Sacco, Brown, Young and

Claypool, 2010），甚至只是展示一下代表了社会链接的脸书的图标就能帮助被排斥的消费者对社会链接的渴求程度（Knausenberger, Hellmann and Echterhoff, 2015）；另一方面被排斥的个体也会更容易感知到敌意，比如，把中性的词汇和行为看作是有攻击性的（DeWall, Twenge, Gitter and Baumeister, 2009），甚至产生更高的防御性倾向，并做出更保守的选择（Park and Baumeister, 2015）。这些研究发现表明，社会排斥会激发个体对于社会性信息的敏感度，让他们一方面渴望被接纳，另一方面又对可能的社会威胁更谨慎。

二 态度和一般性行为影响

大体来说，已有研究发现的社会排斥对于个体态度和行为的影响可以被划分为以下三类：

（一）社会排斥会激发反社会行为

Twenge 等（2001）曾发表一篇文章，文章的题目是"如果不能加入他们，就打败他们"，这篇文章的研究发现，社会排斥会促使被试采取更具攻击性的行为方式，比如被排斥的被试会更容易为侮辱过他们的人给出更低的工作评价，也更容易为不相关的他人分配更多的噪声。被排斥的被试也更容易为不爱吃辣的人分配更多的辣酱，在补充了控制感之后，该效应消失，说明被排斥导致的控制感确实会促使个体采取攻击性行为（Warburton, Williams and Cairns, 2006）。DeWall 等（2009）将敌意认知作为中介变量来解释社会排斥和攻击性倾向的关系，也即被排斥的被试更容易感知到敌意，进而采取攻击性行为作为应对。此外，也有研究发现，社会排斥会降低个体同情他人的能力，进而减少其亲社会行为（Twenge, Baumeister, DeWall, Ciarocco and Bartels, 2007），比如，做出更少的捐赠、更不愿意帮助他人，以及在共同任务中展示出更少的合作性。而 DeBono 和 Muraven（2014）发现，相对于不被喜欢、不被尊重更能引发社会排斥后的攻击性反应。

（二）社会排斥会激发亲社会行为

被排斥的个体更容易无意识地模仿他人，这体现出了对于社会联系的内在渴求（Lakin, Chartrand and Arkin, 2008）。被排斥后个体甚至会改变对于自身的认知，认为自己具有更多与潜在朋友相似的个体属性和个性，这说明其对于关系的渴求（Richman, Slotter, Gardner and DeWall, 2015）。被排斥的个体会更有兴趣结交新朋友，更愿意与他人一起工作，形成对新社交对象的正面印象以及为新的合作伙伴分配更多的报酬（Maner, DeWall, Baumeister and Schaller, 2007）。

（三）社会排斥会降低个体的自我控制能力

Twenge、Catanese 和 Baumeister（2002）研究发现，社会排斥会导致个体更容易采取自我挫败性行为，比如，选择风险更高的彩票，进行不健康的行为以及拖延。社会排斥导致的自我控制的减弱同样可以反映在困难任务的坚持程度和注意力管控任务表现上（Baumeister, DeWall, Ciarocco and Twenge, 2005）。Baumeister 等（2005）认为，之前研究中发现的反社会行为倾向同样也是自我挫败性行为的一种。Thau、Aquino 和 Poortvliet（2007）在组织行为领域中，对这一发现进行了验证，其研究表明，越渴求归属感的员工越容易在人际互动过程中展现出自我挫败行为。通过追踪调查，也有学者发现，日常生活中的被排斥程度会抑制儿童自我控制能力的发展（Stenseng, Belsky, Skalicka and Wichstrom, 2015）。

三 消费行为影响

在消费领域，社会排斥同样会造成一些独特的影响。

为了获取他人的接纳，个体会以迎合他人为目标进行消费。研究发现，个体遭遇排斥后会更容易迎合同伴的消费习惯，购买同伴喜欢的产品，甚至在吸毒的同伴面前尝试吸毒（Mead, Baumeister, Stillman, Rawn and Vohs, 2011）。这种迎合性消费行为是以特定的他人为参考的，通常是即将与个体进行直接互动的他人，目的性很明确，受到特定对象偏好或行为的直接影响。不考虑迎合对象的影响，具有社会属性的产品也会更受排斥个体的青睐，这些具备社会性特征的产品可以帮助个体感受和展示个体的社会联系。这类产品包括校服等象征个体群组关系的产品（Mead et al.，2011），与群组内他人品位一致的组内产品（Dommer，Swaminathan and Ahluwalia，2013）、怀旧产品（Loveland，Smeesters and Mandel，2010），以及拟人化产品（Chen，Wan and Levy，2017）。另外，个体遭遇社会拒绝后会更愿意进行社会捐助（Lee and Shrum，2012），这同样体现了个体对社会价值的追求和获取接纳的渴望。

虽然社会排斥会直接威胁到个体的归属感需求，但人们在遭遇社会排斥后并不总是急于重新获取接纳。社会排斥同样凸显了个体的独立性和独特性，可以激活个体的区分动机，使个体进行独特性消费。孤独的个体可能反而更加享受孤独，当个人消费行为和进行消费的产品不会被他人观测到时，高孤独感个体会更偏好少数人喜欢的小众产品而非多数人喜欢的大众产品（Wang，Zhu and Shiv，2012）。对独特性的偏爱并不仅仅存在于高孤独感个体，对适度独特性的追求是人类社会认同的重心（Brewer，1991）。在被排斥的原因难以改变或是接受过自我强化后，个体更容易将被排斥的原因归因于个体的独特性，进而选择不同于大众偏好的独特性产品（Wan，Xu and Ding，2014）。另外一种独特的区分性动机则是放弃与当前主流群体的归属性联系，转而寻求其他独特的子群体的联系，这种子群认同策略保持了一致性和独特性的相对平衡（Hornsey and Jetten，2004）。反映在消费行为中，社会排斥会增强低自尊个体对水平品牌的依恋感和选择偏好，增加的群体差异感知可以中介这一效应（Dommer et al.，2013）。这里的水平品牌是指与主流群体的偏好存在一定差异性，可以体现个体的品位观念特质等，但并不完全脱离该群体的品牌，是不同于纯粹的群体外品牌的。

社会排斥对个体的影响不仅在于归属感和自我独特性，而且能够对个体的多种需求造成威胁并促使个体进行相应补偿。

社会排斥可能激发个体的效能补偿动机。根据需求—威胁模型，社会排斥会威胁到个体的归属性需求和效能性需求，个体的后续行为则取决于不同需求受到威胁的程度（Williams，2009）。Lee 和 Shrum（2012）从排斥形式的角度入手，认为当个体被他人无视的时候，以控制感和存在意义感为代表的效能需求会受到更大威胁，使个体更加偏爱具有显眼 Logo 的炫耀性产品，以增强控制感和存在感（Lee and Shrum，2012）。也有研究发现，为了弥补排斥经历带来的控制感缺失，被排斥的消费者更愿意执行消费转换行为，除非当前选择本身具有维持社会归属感的属性（Su，Jiang，Chen and DeWall，2017）。

另外，金钱可以帮助个体在社会系统中更方便地达成目标，是人脉的有效替代品。遭遇社会排斥后，个体会更偏好高收益高风险的投资行为，增高的感知金钱工具性中介了这一效应（Duclos，Wan and Jiang，2013）。事实上，孤独感和物质主义倾向在数据上也确实存在显著的相关性，被排斥的消费者会更喜欢购买物质产品（Pieters，2013），这进一步支持了上述理论。

社会排斥还会让个体感到寒冷，使个体通过选择更为温暖的产品进行温度补偿。在具身化理论中，人们往往运用具身化比喻来形容抽象思想感受，当两者形成一个牢固的联系之后，进行特定抽象体验时，人们也常常会产生相应的具身化感受（Meier，Schnall，Schwarz and Bargh，2012）。我们常常将被排斥形容为"冷遇"，事实上社会距离和温度确实紧密相关。遭遇社会排斥时被试也确实会感到寒冷，将室温估计得更低，在后续实验中，更想要温度较高的食品和饮品（Zhong and Leonardelli，2008）。这种温度补偿是从具身化角度出发得到的有趣的排斥发现。

第二节 社会排斥的需求—威胁模型

以上文献回顾中体现出了社会排斥影响的一个重要冲突，即社会排斥既可能激发亲社会行为倾向又可能激发反社会行为倾向。已有研究试图通过边界条件的探索来解释这种冲突，比如自尊水平、抑郁水平、行为对象、未来互动可能性等，但却没能形成一个完整的理论。威廉斯（1997）提出了第一个理论意义上整合两种行为趋向的模型，也即从动机角度出发的需求—威胁模型。在这个模型中，人们采取何种后续行为取决于何种需求受到了更大威胁。威廉斯总结出了社会排斥威胁到人们的四种基本需求，即归属感、自尊感、控制感和意义感。即使个体清楚地知道自己所受到的排斥只是源自一个电脑程序，他们也会在这四个方面感知到威胁（Zadro, Williams and Richardson, 2004）。

归属感是第一种被社会排斥威胁的基本需求。归属感是人类的基本动机之一，根据 Baumeister 和 Leary（1995）的总结，形成和保持至少一定量的持久的、正向的、重要的人际关系对人类来说是一种很强烈的驱动力。生活在社会环境中，人们常常需要从他人处获得物质的和精神的支持，故而社会接纳对个体来说十分重要。而社会排斥代表了自己和他人关系的破裂，可以直接威胁到个体的归属感（Williams, 2009）。被排斥后个体想要重建社会联系的诸多努力都可以体现出归属感缺失带来的影响（e.g. Lakin, Chartrand and Arkin, 2008；Maner, DeWall, Baumeister and Schaller, 2007；Richman, Slotter, Gardner and DeWall, 2015）。

社会排斥还会影响到个体的自尊感。被排斥后个体常常会思索自己被排斥的原因，而这种思考中可能出现的自我归因就会使个体的自尊感受挫。比如，如果个体将自己的不恰当行为、恶意或自私与排斥经历联系起来，这些负面的自我感知就会降低个体的自尊感（Williams, 2009）。同时，根据 Leary 等的社会监视器的理论，自尊感是个体被接纳状态的监视器，当个体不被他人接纳时自尊感就会降低（Leary, Tambor, Terdal and Downs, 1995）。

第三种被社会排斥威胁的基本需求是个体的控制感。人们希望自己能够被他人接纳，被排斥对个体来说是一种负面的、非乐见的经历，通常不是个体主动选择而是被迫接受的，这意味着个体并不能掌控周边环境和他人行为。Warburton、Williams 和 Cairns（2006）的研究验证了社会排斥对个体控制感的威胁，他们发现，如果在社会排斥操控后让个体获得控制感的补偿，那么社会排斥带来的攻击性倾向就会减弱。而社会排斥造成的消费转换行为也体现了控制感缺失的影响（Su, Jiang, Chen and DeWall, 2017）。

最后一种被社会排斥威胁的基本需求是存在意义感。人们需要相信自己的存在是有意义的，而这种意义感常常存在于社会交互中。社会排斥会让个体感觉自己不被他人看到或者在与他人的交互中感觉不到自己的存在（Williams, 2001），因此，被排斥的经历降低了个体对于生命意义感的整体感知（Twenge, Catanese and Baumeister, 2003; Stillman, Baumeister, Lambert, Crescioni, DeWall and Fincham, 2009）。这种意义感缺失甚至会导致被试展示出更多的阴谋论倾向和迷信思想以主动生成意义（Graeupner and Coman, 2017）。

威廉斯（2007）在需求—威胁模型中进一步把归属感和自尊感的需求归为关系需求，把控制感和存在意义感的需求归为效能需求。他提出，当关系需求受到更大威胁时，人们会更多采取亲社会行为，而当效能需求受到更大威胁时人们则会更多地采取反社会行为。Lee 和 Shrum（2012）采取了这个理论框架，并发现不同种类的社会排斥会威胁到不同种类的需求。不过，尽管需求—威胁模型能够为社会排斥的不同影响提供解释，但这个模型对于不同被威胁的需求的划分却存在一些问题，这些不同需求之间存在较为严重的重叠。正如威廉斯（2009）所说的："也许更有争议的问题在于这四种需求是否是相互独立的构念……相关证据是混乱且有争议的。"

第三节　效能需求和关系需求

本书认为，效能需求和关系需求是人类的两种基本需求，其存在要超脱于社会排斥之外。效能需求和关系需求存在于人类的价值系统中，反映了自我的不同角度。模糊地将控制感和存在意义感的需求定义为效能需求以及将归属感和自尊感的需求定义为关系需求是不够严谨的。例如，自尊是反映个体整体自我感受的构念，它本身就应该包括个体在归属感、控制感、存在感等多个层面上的自我感受，既应涵盖效能感知也应涵盖关系感知。

针对这个问题，本书对效能需求和关系需求进行了新的界定。本书对于效能需求的定义为：个体建立和维持对于积极的自我能力认知的需求，是更为内化和独立的对于个体效能、竞争力、自信等个体属性的积极追求。另外，本书定义关系需求为：个体建立与维持和谐、稳定、亲密的社会联系的需求，这是与他人紧密联系在一起的。两种需求反映了人类在个体内和个体间两个不同层面的需求，前者关注个体能力，后者关注社会关系。事实上，这两个需求层面的划分并不仅仅局限于社会排斥领域，它体现了自我价值体系的两个重要维度，在多方面与已有研究相呼应。

在自我概念领域，个体对于自我的认知包含个体内和个体间两个层面的认知。Greenwald 和 Pratkanis（1984）将私我、群我和众我看作自我的三个侧面。其中，私我是指个体对于自身特点、状态、行为等的认知，群我和众我则更关注群体和大众眼中看到的自我。个体内和个体间的自我认知是两种相互独立的自我认知，是分别独立储存在记忆中的（Trafimow，Triandis and Goto，1991），具体来说，激活一种自我认知时，个体就更容易想到相同类型中的其他自我认知。而不同的自我认知在可达性上也存在差异，例如，不同文化中的个体在不同自我认知上的可达性也不同（Triandis，1989；

Trafimow et al., 1991)。

在群体认知领域,根据刻板印象内容模型,人们对社会群体的评价普遍可以体现在感知能力和感知温情两个维度上(Fiske, Cuddy, Glick and Xu, 2002; Kervy, Fiske and Malong, 2012)。其中,能力方面更为理性,强调能力和效率;而温情方面更为感性,强调真诚、友善、合作等关系类特质。其划分也与个体能力和人际关系两方面的内容相对应。

在自我建构领域,人们在自我系统中包含他人的程度也有所不同。自我建构存在两种普遍形态,即独立自我建构和依存自我建构(Markus and Kitayama, 1991)。在独立自我建构中,个体被认为是一个完整、全面、独立自主的实体,但不包含他人。而在依存自我建构中,最重要的原则是:自我是与他人联系在一起的。这两种不同的自我建构方式也反映出了个体内和个体间的差别。

在自尊领域,人们对于自我的感受也存在个体内和个体间、效能和需求的维度。Franks 和 Marolla(1976)将自尊区分为内部自尊和外部自尊,其中,前者主要追求"在他人和万物之上",而后者主要关心"和他人在一起"或"听他人的"。Trafarodi 和 Swann(1995)在此基础上将整体自尊区分出自我能力和自我喜爱两个维度。总结来说,根据 Gecas(1982)所言,多种自尊维度划分方式的共同点就在于区分基于能力感、权力感、效能感等的自尊以及基于美德和品行等的自尊。

根据有关自我及群体认知和自我感受的文献的研究结果,本书对于效能需求和关系需求的新的界定,将有助于进一步明确社会排斥对个体的影响。一方面,社会排斥可能会反映出一个不够强大不够有能力的自我,比如个性和表现的不足,权力和控制感的缺失,以及在维持个体福利方面的弱势。故而社会排斥会威胁到个体的效能需求。另一方面,社会排斥明确展示出个体是不受他人的欢迎和接纳的,也会给个体的关系需求带来威胁。

第四节 威胁敏感度的性别差异

尽管社会排斥会对个体的效能需求和关系需求均造成威胁，但是，不同的个体对于不同威胁的敏感程度可能是不同的。最被熟知的相关研究存在于文化研究中，个人主义和集体主义的文化氛围会直接影响个体对不同威胁的感知。本书通过性别来区分不同威胁对个体的影响。总体来说，男性会对效能威胁更为敏感，而女性会对关系威胁更为敏感。

根据巴坎（Bakan，1966）的理论，男性和女性的社会化方式是不同的，这会体现在他们所持有的基本目标上。通常来说，男性持有能动性目标，这个目标是与自信、控制、自我关注、自我主张以及自我效能等紧密联系在一起的。女性则通常持有社交性目标，关注社会关系、人际交互和与他人的和谐相处（Bakan，1966；Spence and Helmreich，1978）。已有多篇文献对于该性别—目标关系做出验证（Bem，1974；Broverman et al.，1972；Spence and Helmreich，1978），且该理论解释了后续研究发现中很多由生理性别差异衍生出的角色、特性、态度差异（Winterich, Mittal and Ross, 2009）。

事实上，男性和女性的差别直接体现了长期进化过程中人类的适应性。根据伍德和伊格利（Wood and Eagly，2012）的生物社会性解释理论，男女差别主要由生理差别和社会文化影响两方面决定。首先，在生理上，男性比女性更为高大、强壮，拥有更快的速度和更大的力量，而女性则要承担额外的生育任务。两者的生理差别导致男性和女性在不同种类的活动中拥有不同的效率。身体上的优势使男性更适合从事获取和争夺资源类的活动，比如垦荒、狩猎或战争；而女性则更适合承担照顾孩子和家庭方面的活动。这也与人类早期的男性狩猎者角色和女性收集者角色相对应（Silberman and Choi，2005）。而不同的活动范围又进一步导致了不同的性别角色，或者说文化信念，即形成了男性—能动性、女性—社交性的刻板印象，并通过社会化的过程进一步强化。比如，女性领导者往往会比男性领导者得到更负面的评价，当其展现出主导型、自信等能动性特质之后更是如此（Koenig，Eagly，Mitchell and Ristikari，2011）；而男性也会因其展示出的更高的宜人性等特质而受到非议（Judge，Livingston and Hurst，2012）。伍德和伊格利（2012）提出，仅仅是激活性别刻板印象就能降低男性的社交敏感度和女性的领导力表现，这进一步展示了性别内涵的基本差别。

还有一些相关文献体现出了男性和女性所持有的不同目标。

在基本自我观念方面，McGuire（1982）发现，在小学生中，女孩的自我概念比男孩的自我概念更为社会化，女孩的自我描述中涉及他人的比例要比男孩高出50%。克兰西和多林格（Clancy and Dollinger，1993）要求被试选出一些照片来描述自己，他们发现，女性选出的照片中更多的是与他人在一起的合照，而男性选出的照片中则更多的是只有自己的单人照。克罗斯和马德森（Cross and Madson，1997）对性别和自我构念领域的文献进行了系统的梳理并总结道，整体来看，男性采取的是独立自我建构而女性采取的是依存自我建构。

在不同属性的重要性分配方面，女性会认为社会性相关的属性更为重要，而男性认为效能性相关的属性更为重要。与男孩相比，女孩认为，与人际和谐和人际关系敏感性相关的自我价值更为重要；与女孩相比，男孩认为，与社会掌控和坚韧度有关的自我价值更为重要（Rosenberg，1989）。与之类似，与男性相比，女性会把自我认同中关系导向的部分看得更为重要（Thoits 1992）。

在信息处理方面，女性更容易处理和接收社会性信息。比如，女性在多年之后还是对于高中同学的名字和面孔有更为清晰的记忆（Bahrick and Wittlinger 1975），也会记住更多与街上偶遇的陌生人有关的细节（Yarmey，1993）。男性则对于社会掌控和社会层级相关的信息更为敏感（Sidanius，Pratto and Bobo，1994）。在广告形式上，男性偏好于自我导向的广告信息，而女性则偏好于他人导向的广告信息（Meyers and Levy，1988）。

从这些文献中可以了解到，不同的基本目标可以决定个体思维和行动的不同方式。在此基础上，也有研究发现，男性和女性在不同威胁的敏感程度上也有所不同。对于女性来说，与人际关系相关的问题会让她们感到更有压力；而对男性来说，与智力或表现上的不足有关的问题会让他们感到更有压力（Eisler and Skidmore，1987；Gillespie and Eisler，1992）。回到社会排斥的情景中，持有能动性目标的男性将更可能被社会排斥带来的低效能感所影响，而持有社交性目标的女性则更可能被社会排斥带来的人际关系缺口所影响。即男性将更容易感知到社会排斥的效能威胁，而女性将更容易感知到社会排斥的关系威胁，不同的威胁感知将带来不同的后续反应。

第三章　假设提出

本书对于社会排斥—性别交互作用的研究可以划分为三个部分。第一部分主要采用自我关注作为因变量来探索社会排斥—性别模型的机制；第二部分探究排斥和性别交互作用对消费行为的影响；第三部分则把社会排斥拓展到品牌排斥，在市场环境中探索消费者对于商家主导的品牌排斥的反应。

第一节　自我关注影响

在建立了社会排斥与性别的联系后，本部分引入自我关注程度作为因变量来探测两者的交互作用。自我关注程度是指个体注意力的焦点，高自我关注程度代表给予自身更高的关注，低自我关注程度代表给予他人或外在环境更高的关注。自我关注程度是罗夏自我中心检测框架（Exner，1973）中重要的组成部分，在心理健康监测和治疗方面有广泛的应用。长期自我关注程度的高低同样与社会爱恋和社会恐惧等心理特性有紧密联系（Salovey，1992）。选择自我关注程度作为因变量的主要考量是它同时具有反映性和功能性特质，对于反映社会排斥情景中的需求威胁差异和预测个体的后续行为有着积极的作用。

首先，自我关注程度可以灵敏地反映不同的需求威胁。从本质上讲，效能威胁反映对自我能力认知的挑战，而关系威胁则关注他人与个体的关系状态，这将使面对效能威胁的个体把注意焦点转移到自身，而面对关系需求威胁的个体把注意焦点导向他人。这种自我关注程度的投射比直接的需求威胁测量更具灵敏性和隐蔽性，可以规避直接测量的两个可能的问题。其一是直接测量时被试可能会猜测实验者的意图，对自己的回答进行下意识调整；其二是直接的测量可以体现每种需求的感知威胁却不能体现不同需求的权重分配，可能无法反映真实的威胁效果。

另外，自我关注程度的测量将可以更直接地反映需求本质，而不会被形式局限。比如遭遇社会排斥后，个体可能会对他人的评价更为敏感，但应对关系威胁的个体重视他人评价的出发点在于维持良好的人际关系，而应对效能威胁的个体则是重视他人评价映射出的个体能力。再如，遭遇社会排斥后个体可能会将被排斥原因归咎于自身特性，但关系威胁下，个体认识、评价、改进相应自身特性的最终目的都在于获取他人的认可；而效能威胁下，个体最终目的则是培养对于自我效能的积极信念。自我关注程度的引入将有助于澄清个体对社会排斥做出反应的基本动因，为本书理论提供更有力的支持。

其次，自我关注程度具备功能性特征，可以有效地预测后续行为。当关系需求受到威胁时，个体会自发地追求重新建立和谐、亲密、稳定的社会关系，而从他人的角度出发是最有效的建立和维持关系的方式。只有真正关注和了解他人的想法、偏好和需求，才能快速地、稳妥地获得他人的认同和接纳。当效能需求受到威胁时，个体需要通过提高自身的能力表现或加强积极自我信念以修补和维持强大自我的认知。鲍默斯特和萨默（Baumeister and Sommer, 1997）曾提出，女性通过关系导向的行为在亲密关系中寻求接纳，而男性通过权力和侵略的方式获取社会认可，这正是自我关注导向不同的体现。

以往的文献中有证据显示，在社会排斥威胁下，女性会比男性更容易采取社会性的行为，可以从一个侧面体现男女在遭遇社会排斥后不同的自我关注焦点。威廉斯和萨默（1997）发现，被排斥的女性会在群体工作中更努力工作来做出社会性补偿,而被排斥的男性则不会;Benenson 等(2011)在成人实验中发现,面对可能的社会排斥威胁时,女性比男性更容易形成排斥性联盟。故女性面对社会排斥时关系需求受到更大威胁,会给予他人更多的关注;而男性效能需求受到更大威胁,会给予自我更多的关注。

假设 3-1:与社会接纳情况相比,社会排斥会提高男性的自我关注程度而降低女性的自我关注程度。

如果男性在社会排斥后表现出的高自我关注程度是由于效能需求受到了威胁,那么在遭遇排斥之前强化个体效能感就能提高个体对于效能需求威胁的免疫力,发挥一定的减震作用。在此,本书引入权力操控,检验对效能感知的干扰是否能够影响社会排斥对男性的影响。权力本身是社会层级的体现,代表了个体处于社会层级中的上层位置,这种层级上的优越性与效能定义中的"在他人之上"是紧密相关的。同时,权力也是控制感的一个重要来源。权力通常被定义为在特定情景或社会关系中个体拥有的针对有价值的资源和结果的超越他人的控制力,这个定义本身就包含个体在获取重要结果时所具备的控制力以及与他人的相对独立性(Galinsky, Magee, Gruenfeld, Whitson and Liljenquist, 2008)。同时,权力感还可以增加个体对于自己的想法和认知的信心(Brinol, Petty, Valle, Rucker and Becerra, 2007)。

这些证据可以支持权力感对于个体效能的强化作用,让个体不易受到后续效能威胁的影响。但是,由于权力感并不影响关系认知,对于关系需求威胁,权力感将不能产生有效的防范作用。事实上,权力感甚至可以增强个体感知到的与他人之间的心理距离(Lee and Tiedens, 2001),并降低个体的换位思考能力(Galinsky, Magee, Inesi and Gruenfeld, 2006)。社会排斥会威胁男性的效能需求和女性的关系需求,故权力感操控将仅对面临社会排斥的男性产生减震作用。

假设 3-2:相对于无权力感操控,权力感操控将能干扰社会排斥对于男性被试在自我关注程度上的影响，但不会干扰其对于女性被试的影响。

权力感是对效能需求的有效干预，故对于面临社会排斥的男性有直接的减震作用。下面我们将继续考虑对于关系需求的人为干预是否能够作用于社会排斥对于女性被试的影响。女性在遭遇社会排斥之后，由于关系需求受到较大威胁会表现出更低的自我关注倾向，那么通过减少女性对于关系的依赖程度，即关系需求的强度，将可以有效地降低社会排斥的影响。

自我建构是一个关注他人和关系在自我概念中的重要程度的变量（Markus and Kitayama，1991），其中，独立自我建构强调自我的独立性和自主性，依存自我建构则强调自我与他人的联系。相对于依存自我建构，独立自我建构会降低个体与他人的亲近程度（Holland，Roeder，Baaren，Brandt and Hannover，2004）。通过人为强化独立自我建构，关系需求对于女性的重要性将得到有效削弱，由于关系需求受到威胁产生的自我关注的下降趋势也将得到缓解。如果独立自我的强化达到一定程度，甚至有可能使女性对于效能需求的威胁感知超过关系需求，引发反向的自我关注上升趋势。

假设3-3：相对于依存自我建构操控，独立自我建构操控将能干扰社会排斥对于女性被试在自我关注程度上的影响。

以上三个假设的目的在于探究排斥—性别的交互作用及其内在机制，其研究框架如图3-1所示。

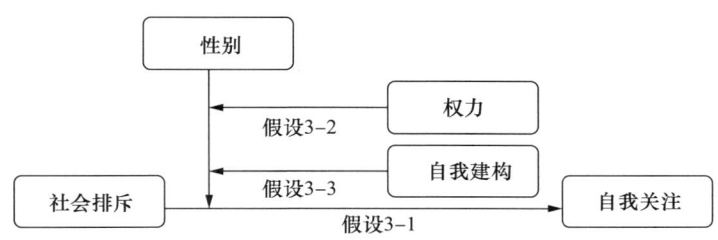

图3-1　第一部分研究框架

第二节 消费者行为影响

不同性别的消费者会感知到不同的需求威胁并表现出不同的自我关注程度变化，进而出现不同的后续行为反应。男性感受到效能威胁后会把注意力转向自身，寻求效能感的补充，故而本部分首先采取对于金钱的追求作为效能感补充手段，研究受到社会排斥的男性是否会更倾向于选择高薪水、高负担的兼职工作。女性感受到关系威胁后会把注意力转向他人，希望与他人重新建立联系，故而本部分采取对于他人关注的追求作为关系感补充手段，研究遭遇社会排斥的女性是否更愿意通过显性产品或美丽产品来吸引他人的注意。

金钱是一种增强个体效能感知的有效工具。金钱与个体生活中的控制感密切相关（Johnson and Krueger，2006），能够帮助个体实现生活满足，是人际关系的有效替代品（Duclos，Wan and Jiang，2013）。金钱是帮助人们实现生活目标的重要资源，通常被看作能力和成就的外在表现。正如 Zhou、Volhs 和 Baumeister（2009）所述，金钱可以为人们提供信心，让人们感觉自己可以解决问题并实现目标；甚至仅仅是想到或感觉到拥有金钱就可以引发一种力量或效能感。

综上所述，金钱是补充效能感的有效方式，故而遭遇社会排斥的男性会更有追求金钱的欲望。不过，对于关系需求受到威胁的女性来说，社会排斥对于其金钱欲望的影响就会相应减弱。事实上，金钱甚至能够增强个体的独立性，让个体远离他人，减弱其关系依赖性（Vohs，Mead and Goode，2006）。将对金钱的追求置于薪酬选择中，本部分设计了一个金钱与工作量的权衡。高薪水搭配高工作负荷，低薪水搭配低薪水负荷。被排斥的男性更追求效能补充，故而会更倾向于高薪水、高负荷的兼职工作，而被排斥的女性则不会有如此强的行为变动趋势。自我关注程度将可以调节这一效果。

假设3-4：相对于女性被试，社会排斥将对男性被试选择兼职时的高薪工作偏好产生更强的促进作用。

假设3-5：自我关注程度将中介上述效应。

社会排斥会将男性的注意力导向自我，关注自我效能感补充，却将女性的注意力导向他人，寻求补充社会联系感。个体寻求社会联系时会希望更多地吸引到他人的注意。被他人关注将可以预测未来出现更多的人际互动（Kanwisher and Wojciulik, 2000），让个体感觉到自己是被他人喜欢的（Bayliss, Paul, Cannon and Tipper, 2006），可以体现出他人对自己的兴趣和个体的关系价值（Wirth, Sacco, Hugenberg and Williams, 2010）。

与之对应，显性产品是吸引他人注意的有效工具。有一些中文文献将其翻译成炫耀性产品，但这种描述更容易将其与地位性产品或奢侈品混淆在一起。本书将其译为显性产品，取其显眼之意，因为在标准的英文字典中，显性是指"突出和引人注意"。O'Cass和McEwen（2004）曾确定了关于显性购买行为的一系列特征，其中包括被他人注意、购买时有他人在场、可以获取尊敬、流行的、被看到使用该产品。为了控制住地位、价格、品质、流行等相关因素，本书仅采取了产品上的图标大小作为操控变量。图标越大表示产品越显眼，这种方式也是以往文献中经常采用的方法（Lee and Shrum, 2012）。

假设3-6：相对于男性被试，社会排斥将对女性被试的显性产品偏好产生更强的促进作用。

假设3-7：自我关注程度将中介上述效应。

在吸引他人注意和建立社会联系方面，有吸引力的外表往往可以起到重要作用。从进化论角度解释，有吸引力的外表往往可以体现生存及繁衍优势，故而会更受到欢迎和追求（Gangestad and Scheyd, 2005）。有吸引力的外表将可以帮助个体吸引到他人的注意，即使是婴儿也更愿意关注有吸引力的面孔（Langlois, Ritter,

Roggman and Vaughn，1991）。人们普遍具备这种对美的追求，愿意与外表吸引力高的个体建立和维持关系，这种人际交互愿望也会被投射在目标个体身上，让人们觉得高吸引力的个体在社会属性上具备更好的表现，比如更友好、更好交际以及更有社交技巧（Leyman，Clark and Greenberg，2010）。

总之，人类对于美有一种天生的亲近欲望，外表的高吸引力将可以帮助个体吸引他人的注意和接近。换言之，外表吸引力将有助于满足个体的关系需求，帮助个体建立社会联系。而在社会排斥情景中，女性会感受到更高的关系威胁进而更想要吸引他人，那么她们也会更愿意为可以提高自身外表吸引力的美丽产品支付更高的价格。但是，对于男性，社会排斥主要威胁其效能需求，美丽产品并不能对效能感做出同样有效的补充，故而男性对于美丽产品的兴趣将不会出现显著提升。

假设3-8：相对于男性被试，社会排斥将对女性被试的美丽产品支付意愿产生更大的增强作用。

假设3-9：自我关注程度将中介上述效应。

本部分采用了三个因变量来探测社会排斥—性别交互作用对于消费者行为的影响，具体研究框架如图3-2所示。

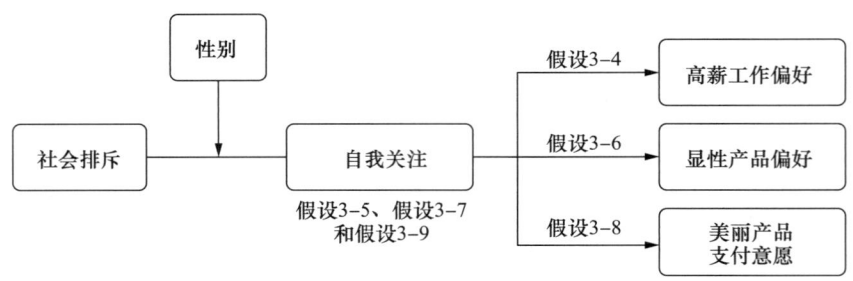

图3-2 第二部分研究框架

第三节　品牌排斥

营销领域有关社会排斥的研究主要关注消费者对于人际交往中的社会排斥的行为反应。本部分对社会排斥的概念进行了拓展，研究品牌引发的排斥。在市场活动中，不仅消费者会主动选择品牌，品牌也会主动选择消费者。品牌越来越意识到，不是顾客数量越多，品牌发展就越好，顾客的质量同样很重要。故而，品牌需要谨慎分析消费者的价值，选择合适的消费者成为自己的长期顾客（Cao and Gruca, 2005；Natter, Ozimec and Kim, 2015）。顾客关系管理定义中的一个要点就在于品牌对于关系的投资和管理是针对特定顾客的，这一部分顾客被称作高营利性顾客（Hobby, 1999）、经过选择的顾客（Parvatiyar and Sheth, 2001）、战略上的重要顾客（Buttle, 2001）、关键顾客（Payne and Frow, 2005）等。有相当一部分研究主要探讨如何界定和识别应选择的消费者，争取能够从他们身上获取最大的收益（Cao and Gruca, 2005）。

甚至还有一些品牌会主动解雇消费者。不合适的消费者可能会在多方面对品牌产生拖累效果，如阻碍增长、产生不满意、占用过多时间、拉低价格等，故而适时解雇那些给品牌带来问题的消费者对品牌来说是必要的（Moon and Quelch, 2006）。营销学者也专门建立了相应模型帮助企业适时识别并摆脱服务成本过高的消费者（Shin, Sudhir and Yoon, 2011）。品牌在对已有顾客进行管理的过程中也会给予不同消费者的不同待遇以追求更高的投入产出比。比如，进行锚定促销（Fong, Fang and Luo, 2015）、进行忠诚计划管理（Dorotic, Bijmolt and Berhoef, 2012）、把消费者划分成不同层级（Palmeira, Pontes, Thomas and Krishnan, 2016）、对消费者进行价格歧视（Caillaud and Nijs, 2014），等等。不过，在这个领域中，大部分研究关注的都是如何更好地管理高层级的顾客，而很少关注那些处于低层级的顾客（Haenlein and Kaplan，2010），更少有研究关注被排斥的消费者。

结合前文对于社会排斥的定义，本部分将品牌排斥定义为"消费者想要与品牌建立特定联系，但遭到了品牌的无视或拒绝"。例如，有时消费者在消费过程中会被商家的营业员忽视，根据布雷迪（Brady，2000）的说法，"对不起，我们的营业员都在忙着为更有价值的顾客服务"。有时企业会根据消费者的投入情况将其划分为不同的层级（Drèze and Nunes，2009），消费者在面对"金卡会员专享"或"VIP特供"等待遇时就可能感受到被排斥。也有一些品牌本身就是有选择性的，只会接受符合特定条件的消费者作为自己的顾客或会员。比如，信用卡在进行顾客审核时有具体的收入和信用要求，学校在接收MBA学生时会有学业和事业的要求，一些奢侈品牌会对潜在的顾客进行背景调查，特定俱乐部也会实施会员限额的制度。企业可以通过这种排斥性策略来为自己的品牌和产品附加更大价值（Park，Jaworski and MacInnis，1986；Groth and McDaniel，1993），但潜在的消费者在不能满足企业条件时就可能面临品牌的排斥。

在本部分我们将重点关注这种品牌对于消费者的选择性接纳现象，并探讨消费者对于这种排斥经历的态度和行为反应。

前文已证实，不同性别的个体会以不同的角度看待排斥现象，并因此做出不同的反应。从关系角度来看，被品牌排斥，毫无疑问，是一种负面经历。以往的研究表明，消费者常常会对排斥的施予者进行惩罚。被排斥的个体会对排斥源持有更为消极和有敌意的认知，给予他们更为负面的评价（Maner，DeWall，Baumeister and Schaller，2007），并对他们展现出更多的攻击性倾向（Buckley，Winkel and Leary，2004）。根据挫折—攻击模型，人类会对感知到的挫折产生自然的敌意、愤怒反应（Dollard，Doob，Miller，Mowrer and Sears，1939）。社会排斥带来的关系威胁将会促使个体重新寻求归属感和社会联系，但排斥源却并不是一个好的关系补偿对象。这也与以往的研究相呼应。在营销环境中，受到品牌不利对待的消费者会对品牌产生负面的态度和行为反应（Xia，Monroe and Cox，2004；Nguyen and Simkin，2013）。比如，感知到受到品牌的歧视后，消费者可能会产生抱怨、满意度降低、负面口碑传播、信任降低、忠诚度降低等反应（Walsh and McGuire，2007；Walsh，2009）。故而通常来说，个体将会对排斥自己的品牌持有更为负面的评价，也因此更不愿意与品牌建立长期关系，除非这个品牌本身是个体极为认同和渴求的，能够代表个体理想的自我概念（Ward and Dahl，2014）。

但是，如果从效能角度来看，结果可能完全不同。排斥源并不是建立关系的好对象，在面对品牌排斥的时候，个体会自发地降低对品牌的评价。从效能补充的角度来说，排斥个体的品牌也许会让自己变得更有价值和更具吸引力。

首先，品牌的排斥经历意味着被品牌接纳的机会是稀缺而珍贵的。被具有排斥性的品牌接纳将可以代表地位和对个体价值的认可（Basu，1989；Taddei，1999），这将是一种提升效能感知的有效方式。根据商品理论，越是稀缺的东西，价值就越大（Cialdini，1984）。被排斥的经历可以突出品牌接纳的稀缺性，进而让个体感知到品牌的接纳是更为特殊、更为有价值以及更值得追求的。消费者也更容易将这种稀缺性信号视为产品价值、产品质量和身份消费的"启发式线索"（Gierl and Huettl，2010；李东进和刘建新，2016）。就目标角度而言，当个体在追求目标的过程中预期到阻挠时，他们会下意识地增加自己感知到的目标达成的吸引力，并努力寻找能够使自己认为目标达成更有价值的论据（Zhang and Fishbach，2010；Fishbach，Zhang and Trope，2010）。

其次，对于排斥品牌的正向评价将可以保护被排斥的消费者的自我感受。如前所述，被排斥的经历可以反映出个体的效能不足。如果消费者认为排斥自己的品牌是一个评价一般甚至很差的品牌，那么没能达成这样的品牌的接纳标准是很尴尬的，会进一步打击个体的能力感知。但是，如果消费者给予这个品牌很好的评价，把它看作一个拥有高标准的优质品牌，那么没能达到品牌标准时，消费者就可以认定"我没能达到这个很高的标准,但我还是很不错的"。这将是一种迂回的保护自我效能感的方式。

根据上述论断,从关系角度来看,排斥品牌不是重建关系的好目标,但从效能角度来看,赢得品牌的接纳反而会变得更有价值。结合前文提出的社会排斥—性别理论,女性将更容易从关系角度出发看待排斥经历,而男性将更容易从效能角度出发。故而女性将更可能将排斥品牌看作不友好的对象,给予品牌更为负面的评价,进而采取负面的品牌互动行为;而男性则更可能将排斥品牌看作更有价值的追求,给予品牌更高的评价,从而减弱品牌排斥所带来的负面影响。

假设3-10:相对于男性被试,品牌排斥会使女性被试对品牌互动产生更多的负面行为。

假设3-11:对品牌评价将中介上述反应。

本部分研究框架如图3-3所示。

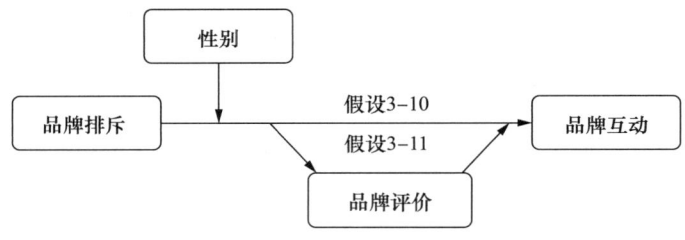

图3-3 第三部分研究框架

假设3-1至假设3-3提供了直接的自我关注程度变化的预测,后续研究则希望通过对不同需求进行人为干预,进一步验证排斥与性别交互的需求—威胁作用机制。如果产生自我关注程度变化的原因是不同性别的个体感知到了不同的需求威胁,那么主动干预不同的需求将可以对男性和女性的排斥反应分别起到调节作用。具体来说,假设3-4至假设3-9会检验效能需求干预对于男性被试的作用,假设3-10和假设3-11会检验关系需求干预对于女性被试的作用。这两个假设将可以加强对本书中心理论的验证,并从实践角度提供针对不同性别的主动干预方式。

第四章 实验和数据分析

本章采取了十个实验来验证上一章中提出的七组假设。其中,前四个实验旨在通过自我关注程度的变化探究社会排斥—性别交互作用的存在及其机制,接下来的三个实验旨在探索这个交互作用对于消费者行为的影响,最后三个实验则探索品牌排斥情景中男性和女性的不同反应。

第一节 自我关注影响

一 实验一:社会排斥×性别交互作用对自我关注程度的影响

实验一的主要目的在于探究社会排斥×性别交互作用是否存在。本实验采取虚拟传球游戏来操控社会排斥,并通过自由回忆任务来测量自我关注程度。根据前文的预测,社会排斥将提高男性被试的自我关注程度,并降低女性被试的自我关注程度。

(一)实验被试

本实验在北京一综合性大学的行为学实验室进行,被试通过学校 BBS 招募获得,共有 94 名被试参与该实验,有 8 名被试的数据由于信息不全或完成时间过长(指代游戏过程出现问题)而被删除。最终我们得到 86 份有效样本数,其中,男性 42 名,女性 44 名,年龄为 18—33 岁(均值 $M = 22.7$,标准差 $SD = 2.95$)。

(二)实验设计

被试到达实验室后,将接收到一份实验指导,说明本次实验由若干不相关的独立试验构成，被试需要在实验室电脑上按照顺序点击相应的实验链接，完成全部实验，并由工作人员确认。然后被试会被引领到空余机位上完成实验，每个机位均配备隔板，可以有效地防止被试间的交流和相互影响。

第一个链接即社会排斥操控实验，操控方法为威廉斯开发的虚拟传球游戏，详见附录中的 A1。被试在输入实验编号、性别、年龄之后，将可以看到游戏介绍界面，说明这个游戏是一个在线的传球游戏，旨在开发个体的可视化能力，要求被试在参与游戏的过程中努力想象这个游戏是发生在现实生活中，并在头脑中描绘其具体场景。然后被试将看到一个简短的游戏操作说明。点击下一步按钮，进入游戏，被试被告知其他被试已连接入网，游戏开始。

在游戏中，被试将和另外两个虚拟卡通人物一起完成传球；在接到球之后，被试可以通过点击的方式选择其他虚拟人物传球。在前几次传球过程中，被试将接到 3 次传球，旨在让他们熟悉游戏的操作，之后排斥组的被试再也接不到传球，而接纳组的被试会继续接到大概 1/3 的传球。排斥组和接纳组在每个性别内随机分配，30 次传球后游戏结束，被试将进入下一个界面，回答测量威廉斯四种需求的八个问题（详见附录中的 D1），情绪检测问题，以及接收到传球的百分比。

结束问题回答之后，被试将打开下一个实验链接，完成因变量检测。这个实验要求被试回忆并描述一件昨天发生的事件，该事件可以是发生在任何人身上的任何事件。这种自由回忆任务的检测方法来自伍德、萨尔茨伯格和戈德萨姆特（Wood, Saltzberg and Goldsamt, 1990），他们让被试自由记录思绪，通过统计其中第一人称所占比例来指代自我关注程度。在本实验中，我们并没有采用第一人称的数目或者比例，因为在被试的描述中存在后续语句中的人称省略，会造成统计的不准确，而且第一人称的出现频次会受到描述长度等其他因素的影响。在本实验中，我们重新构造了一个自我关注变量,用来反映被试描述中自我和他人是否出现。首先将被试的描述转化成两个变量,分别记为我变量和他变量。如果单数第一人称"我"在描述中出现则我变量记作1,否则为0;如果有他人在描述中出现则他变量记作1,否则为0。自我关注程度以我变量减去他变量表示,是一个(-1,0,1)变量,数值越高表示自我关注程度越高。新构造的变量仅反映回忆内容中存在的对象,与人称出现的频次和比例无关。一个样本描述为"昨天晚上我和舍友去吃夜宵,我们4个人骑车到了清华东门附近,虽然临近12点,身体比较疲倦,但是,我们还是非常开心"。在这个描述中,同时出现了我和他人(舍友),故我变量和他变量均记作1,最终自我关注程度为0。所有样本回答见附录七。

(三)数据分析与结果

实验为2(被排斥/被接纳)×2(男/女)的组间实验设计,每组样本数为21人或22人。

以被试填写的自己接到传球的比例作为操控检验变量,采用 t 检验进行数据分析。结果显示,排斥组被试汇报自己接到传球的比例均值为7.21,接纳组被试汇报自己接到传球的比例为35.47,基本符合实验操控设置。两者差异显著[$t(83) = 15.90$,$p < 0.001$],说明排斥组被试确实感觉到自己接到传球的比例更少,也即本实验的操控方法达到了预定目标。具体数据如表4-1和表4-2所示。

表4-1　　　　　　　　　　组统计量

社会排斥		样本数	均值	标准差	均值标准差
接球比例	排斥	42	7.21	3.585	0.553
	接纳	43	35.47	10.955	1.671

表 4-2　　　　　　　　　　独立样本检验

		方差方程的 Levene 检验		均值方程的 t 检验					差分的 95% 置信区间	
		F 值	p 值	t 值	自由度	p 值（双侧）	均值标准差	标准差	下限	上限
接球比例	假设方差相等	18.269	0.000	-15.899	83	0.000	-28.251	1.777	-31.785	-24.717
	假设方差不相等			-16.053	51.087	0.000	-28.251	1.760	-31.784	-24.718

由以往的研究得知，社会排斥会威胁到个体感知到的归属感、自尊感、控制感和意义感，但并没有研究发现性别在其中起到调节作用，一个很可能的原因是这种外显测量的目的性过于明确且敏感度不高，并不能探测到可能的性别差异。为了进一步讨论这种可能，下一步分析采用社会排斥和性别作为固定因子，四种被威胁需求作为因变量进行多变量方差分析（见表 4-3）。

表 4-3　　　　　　　　　　主体间因子

		样本数
性别	男	42
	女	44
社会排斥	排斥	43
	接纳	43

多变量方差分析结果显示，社会排斥对归属感、自尊感、控制感和意义感四个方面甚至情绪均有显著影响（所有 $p \leq 0.001$），排斥组在四组变量上的得分均显著低于接纳组，这与以往研究是一致的。性别在归属感、控制感和意义感方面存在显著到边际显著的主效应（$0.007 \leq$ 所有 $p \leq 0.091$）。而排斥操控与性别在所有题项上均无交叉作用（所有 $p \geq 0.207$），说明直接测量四种需求威胁并不能体现出性别差异。这与前文预测一致，也进一步强化了采用内隐测量方式的意义（见表 4-4）。

表 4-4　　　　　　　　　　主体间效应的检验

变量	因变量	Ⅲ型平方和	自由度	均方	F值	p值
校正模型	归属感1	92.747[a]	3	30.916	42.919	0.000
	归属感2	111.839[b]	3	37.280	50.852	0.000
	自尊感1	53.797[c]	3	17.932	35.468	0.000
	自尊感2	19.593[d]	3	6.531	7.116	0.000
	意义感1	45.574[e]	3	15.191	11.777	0.000
	意义感2	21.036[f]	3	7.012	4.949	0.003
	控制感1	23.869[g]	3	7.956	9.662	0.000
	控制感2	48.977[h]	3	16.326	14.199	0.000
	情绪	25.185[i]	3	8.395	11.157	0.000
截距	归属感1	794.653	1	794.653	1103.179	0.000
	归属感2	758.861	1	758.861	1035.131	0.000
	自尊感1	726.326	1	726.326	1436.574	0.000
	自尊感2	917.584	1	917.584	999.820	0.000
	意义感1	657.720	1	657.720	509.885	0.000
	意义感2	560.242	1	560.242	395.443	0.000
	控制感1	554.793	1	554.793	673.711	0.000
	控制感2	724.975	1	724.975	630.552	0.000
	情绪	950.393	1	950.393	1263.101	0.000
社会排斥	归属感1	85.489	1	85.489	118.680	0.000
	归属感2	107.117	1	107.117	146.114	0.000
	自尊感1	53.797	1	53.797	106.402	0.000
	自尊感2	19.579	1	19.579	21.334	0.000
	意义感1	44.923	1	44.923	34.826	0.000
	意义感2	16.841	1	16.841	11.887	0.001
	控制感1	18.658	1	18.658	22.657	0.000
	控制感2	47.723	1	47.723	41.507	0.000
	情绪	24.419	1	24.419	32.454	0.000
性别	归属感1	5.583	1	5.583	7.751	0.007
	归属感2	4.675	1	4.675	6.377	0.013
	自尊感1	0.000	1	0.000	0.001	0.978

续表

变量	因变量	Ⅲ型平方和	自由度	均方	F值	p值
性别	自尊感2	0.003	1	0.003	0.003	0.958
	意义感1	0.232	1	0.232	0.180	0.673
	意义感2	4.149	1	4.149	2.928	0.091
	控制感1	5.165	1	5.165	6.272	0.014
	控制感2	1.207	1	1.207	1.050	0.309
	情绪	0.021	1	0.021	0.028	0.867
社会排斥×性别	归属感1	1.163	1	1.163	1.615	0.207
	归属感2	0.001	1	0.001	0.001	0.977
	自尊感1	0.029	1	0.029	0.058	0.811
	自尊感2	0.044	1	0.044	0.048	0.826
	意义感1	0.644	1	0.644	0.499	0.482
	意义感2	0.097	1	0.097	0.068	0.794
	控制感1	0.100	1	0.100	0.121	0.729
	控制感2	0.142	1	0.142	0.123	0.727
	情绪	0.559	1	0.559	0.743	0.391
误差	归属感1	59.067	82	0.720	—	—
	归属感2	60.115	82	0.733	—	—
	自尊感1	41.459	82	0.506	—	—
	自尊感2	75.255	82	0.918	—	—
	意义感1	105.775	82	1.290	—	—
	意义感2	116.173	82	1.417	—	—
	控制感1	67.526	82	0.823	—	—
	控制感2	94.279	82	1.150	—	—
	情绪	61.699	82	0.752	—	—
总计	归属感1	950.000	86	—	—	—
	归属感2	934.000	86	—	—	—
	自尊感1	822.000	86	—	—	—
	自尊感2	1013.000	86	—	—	—
	意义感1	810.000	86	—	—	—
	意义感2	700.000	86	—	—	—

续表

变量	因变量	Ⅲ型平方和	自由度	均方	F值	p值
总计	控制感1	644.000	86	—	—	—
	控制感2	870.000	86	—	—	—
	情绪	1038.000	86	—	—	—
校正的总计	归属感1	151.814	85	—	—	—
	归属感2	171.953	85	—	—	—
	自尊感1	95.256	85	—	—	—
	自尊感2	94.849	85	—	—	—
	意义感1	151.349	85	—	—	—
	意义感2	137.209	85	—	—	—
	控制感1	91.395	85	—	—	—
	控制感2	143.256	85	—	—	—
	情绪	86.884	85	—	—	—

注：a. $R^2 = 0.611$（调整的 $R^2 = 0.597$）；b. $R^2 = 0.650$（调整的 $R^2 = 0.638$）；c. $R^2 = 0.565$（调整的 $R^2 = 0.549$）；d. $R^2 = 0.207$（调整的 $R^2 = 0.178$）；e. $R^2 = 0.301$（调整的 $R^2 = 0.276$）；f. $R^2 = 0.153$（调整的 $R^2 = 0.122$）；g. $R^2 = 0.261$（调整的 $R^2 = 0.234$）；h. $R^2 = 0.342$（调整的 $R^2 = 0.318$）；i. $R^2 = 0.290$（调整的 $R^2 = 0.264$）。

以情绪为协变量，自我关注程度为因变量，通过协方差分析研究社会排斥和性别的交互作用。

从结果来看，首先性别存在一个主效应，也即男性平均自我关注程度是显著高于女性的 [$F(1, 81) = 5.02$，$p = 0.028$]。在交互效应方面，数据结果显示，交互作用显著 [$F(1, 81) = 4.02$，$p = 0.048$]，也即性别确实可以调节社会排斥对自我关注程度的影响，结果支持了本书假设3-1。

具体来说，对于男性来说，社会排斥操控下其自我关注程度均值为0.3，而社会接纳操控下其自我关注程度均值为0.24，两者差异不显著 [$F(1, 81) = 0.39$，$p = 0.535$]，说明社会排斥与否并没有改变男性的自我关注程度；对于女性来说，社会排斥操控下女性自我关注程度均值为-0.25，而社会接纳操控下女性自我关注均值为 0.21，该效应边际显著 [$M_{排斥} = -0.25$，$M_{接纳} = 0.21$；$F(1, 81) = 3.82$，$p = 0.054$]，说明社会排斥一定程度上降低了女性的自我关注程度，让她们更加关心他人而非自己（见表 4-5 至表 4-7）。

表 4-5　　　　　　　　　　主体间因子

		样本数
社会排斥	排斥	43
	接纳	43
性别	男	42
	女	44

表 4-6　　　　　　　　　　主体间效应的检验

因变量：自我关注

变量	Ⅲ 型平方和	自由度	均方	F 值	p 值
校正模型	4.812[a]	4	1.203	2.598	0.042
截距	1.338	1	1.338	2.890	0.093
情绪	0.731	1	0.731	1.579	0.213
性别	2.323	1	2.323	5.015	0.028
社会排斥	0.375	1	0.375	0.810	0.371
性别×社会排斥	1.862	1	1.862	4.020	0.048
误差	37.513	81	0.463	—	—
总计	44.000	86	—	—	—
校正的总计	42.326	85	—	—	—

注：a. $R^2 = 0.114$（调整的 $R^2 = 0.070$）。

表 4-7　　　　　　　　　　交互作用均值估算

因变量：自我关注

性别	社会排斥	均值	标准差	95% 置信区间	
				下限	上限
男	排斥	0.378[a]	0.154	0.071	0.684
	接纳	0.238[a]	0.153	-0.067	0.543
女	排斥	-0.247[a]	0.154	-0.554	0.060
	接纳	0.205[a]	0.155	-0.104	0.513

注：a. 模型中出现的协变量在下列值处进行评估：情绪 = 3.33。

根据上述数据绘制交互作用效果展示图（见图4-1）。由图4-1可知，社会排斥对男性和女性的自我关注程度影响并不是一致的。尽管在男性被试中社会排斥的影响并没有达到显著程度，但从整体趋势中可以看出，对于男性来说，社会排斥有增加其自我关注程度的影响趋势；而对女性来说，则是比较明确的负面影响，即社会排斥让女性更关注他人。

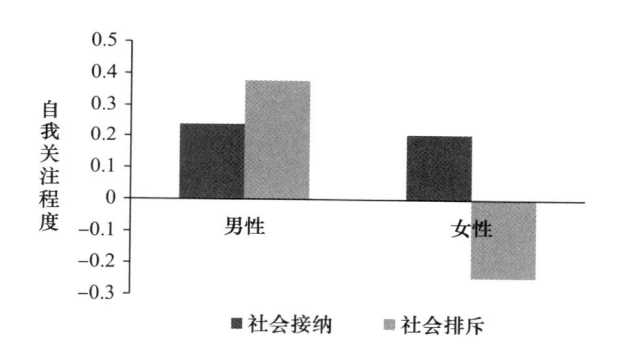

图4-1 社会排斥对男女自我关注程度的影响（实验一）

实验一验证了社会排斥×性别在自我关注程度上的交互作用，体现了社会排斥降低女性自我关注程度的趋势，在一定程度上支持了假设3-1。不过，本书研究中自我关注程度的计算是通过我变量与他变量相减得到的，得分仅在（-1，0，1）上分布，变动范围相对小。另外，我变量和他变量的得分仅能反映我和他人在自由描述中是否出现，却不能更准确地检测出现程度的变化，蕴含的信息量相对来说较少。这些因素可能导致本书研究的因变量不能灵敏地反映自我关注程度的变化，所以，在下一个实验中我们希望通过采取不同的检测方式来解决这一问题。

二 实验二：社会排斥×性别交互作用对自我关注程度的影响

本实验是在实验一基础上的改进，通过采用另外的自我关注程度测量方式来解决实验一的问题，并采取了另外的社会排斥操控方法来增加研究的可信度。

（一）实验被试

本实验是在一所高中进行的，随机选择三个班级的学生为样本。去掉不完整问卷以及操控实验中的回答完全不符合要求的问卷后，在120名被试中获得109份有效样本。共有55名男性，54名女性，年龄为15—19岁（均值 $M = 16.8$，标准差 $SD = 1.27$）。

（二）实验设计

被试接收到一份问卷，导语中写明本问卷包含两个并不相关的部分，并要求被试按顺序作答，在回答过程中做到不跳题、不交流、不间断。导语结束时，被试将填写本人的性别和年龄信息。

第一部分是取自米德等（Mead et al.，2011）实验的社会排斥操控，要求被试回忆并描述一次发生他们自己身上的印象最为深刻的或者最近发生的社会排斥或接纳事件，详见附录中的A2。实验背景被描述为某大学的行为实验室希望通过了解人们的真实经历开发实验材料。回忆描述之后，被试在李克特量表上选择他们感到被排斥或接纳的程度作为操控检验以及他们的情绪状态作为控制变量。

下一个部分是作为因变量测量的句子补充任务（Wegner and Giuliano，1980），详见附录中的E1。被试看到的介绍为："心理学研究表示随着人们阅读量的增加，人们会从心理上给不同词汇赋予不同的强度，请在下列句子中的括号里凭借您的第一直觉选择一个词将该句子变完整。答案无对错，请凭借您的直觉选择相应词汇画'√'。"之后他们会看到20个句子，每个句子有一部分提供3个词，被试需要选择其中一个将句子补充完整。其中5个为自我关注检测问题，这5个句子均提供3个人称选项，其中1个为单数第一人称（"我"或是"我的"），比如"这个街区很难迷路，但是，（我、我们、他们）还是找不到路了"。5个句子中被选择的单数第一人称选项的总个数即为因变量，这是一个从0—5的整数变量。

（三）数据分析与结果

本实验同样为2（被排斥/被接纳）×2（男/女）组间实验设

计，每组样本数为26—28。

操控检验分析结果显示，排斥组被试汇报的感知被接纳程度为1.79，小于接纳组被试的感知被接纳程度4.22，t检验结果说明，两者差异显著 [t(105) = 20.875，p < 0.001]，也即回忆描述任务能够起到有效操控作用，回忆排斥经历确实会激发个体的被排斥感（见表4-8和表4-9）。

表4-8　　　　　　　　　组统计量

	排斥	样本数	均值	标准差	均值标准差
感知接纳	排斥	53	1.79	0.567	0.078
	接纳	54	4.22	0.634	0.086

表4-9　　　　　　　　　独立样本检验

		方差方程的Levene检验		均值方程的t检验						
		F值	p值	t值	自由度	p值（双侧）	均值标准差	标准差	差分的95%置信区间	
									下限	上限
感知接纳	假设方差相等	1.068	0.304	-20.875	105	0.000	-2.430	0.116	-2.661	-2.199
	假设方差不相等			-20.897	104.096	0.000	-2.430	0.116	-2.660	-2.199

以社会排斥×性别作为固定因子，情绪为协变量，单数第一人称选项的选择个数为因变量进行协方差分析，发现社会排斥和性别的交互作用显著 [F(1，95) = 11.66，p = 0.001]，说明在控制住情绪的影响后，性别确实会调节社会排斥对自我关注程度的影响。性别和社会排斥的主效应没有达到显著水平，说明两者主要通过交互作用影响自我关注（见表4-10至表4-11）。

表 4-10　　　　　　　　　　　主体间因子

		样本数
社会排斥	排斥	48
	接纳	54
性别	男	51
	女	51

表 4-11　　　　　　　　　　主体间效应的检验

因变量：自我关注

变量	Ⅲ型平方和	自由度	均方	F 值	p 值
校正模型	28.061[a]	6	4.677	3.157	0.007
截距	20.563	1	20.563	13.881	0.000
情绪 1	8.466	1	8.466	5.715	0.019
情绪 2	2.068	1	2.068	1.396	0.240
情绪 3	2.913	1	2.913	1.966	0.164
社会排斥	0.006	1	0.006	0.004	0.951
性别	2.393	1	2.393	1.615	0.207
社会排斥×性别	17.274	1	17.274	11.660	0.001
误差	140.733	95	1.481		
总计	519.000	102			
校正的总计	168.794	101			

注：a. $R^2 = 0.166$（调整的 $R^2 = 0.114$）。

对于男性来说，社会排斥操控后男性被试的自我关注程度得分为 2.40，而社会接纳操控后男性被试的自我关注程度得分为 1.59，两者差异显著 [$F(1, 95) = 4.70, p = 0.033$]，说明社会排斥显著提高了男性的自我关注程度，让男性被试更关注自己而非他人。对于女性来说，社会排斥操控后女性被试的自我关注程度得分为 1.25，社会接纳操控后女性被试的自我关注程度得分为 2.10，两者差异显著 [$F(1, 95) = 4.50, p = 0.037$]，说明社会排斥显著降低了女性被试的自我关注程度,让她们把注意力更多地转移到他人身上。本实验结果很好地支持了假设3-1(见表4-12)。

表4-12　　　　　　　　交互作用均值估算

因变量:自我关注

社会排斥	性别	均值	标准差	95%置信区间	
				下限	上限
排斥	男	2.401[a]	0.265	1.876	2.927
	女	1.253[a]	0.266	0.725	1.780
接纳	男	1.588[a]	0.245	1.102	2.074
	女	2.102[a]	0.252	1.601	2.603

注:a. 模型中出现的协变量在下列值处进行评估:情绪1 = 3.19,情绪2 = 3.21,情绪3 = 3.29。

根据上述数据绘制交互作用效果图(见图4-2)。由图4-2可知,对于男性和女性来说,社会排斥对自我关注程度的影响呈现截然相反的趋势。对于男性来说,社会排斥让他们更关注自己而非他人;而对女性来说,社会排斥让她们更关注他人而非自己。

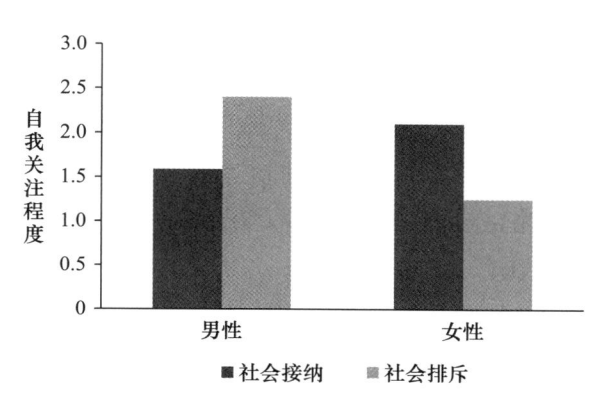

图4-2　社会排斥对男女自我关注程度的影响(实验二)

三　实验三:权力感的调节作用

实验三引入了权力操控,旨在探究这种自我效能感知的干扰是否会影响社会排斥的作用。根据本书前述理论,社会排斥主要威胁男性的效能需求,而权力感本身可以强化和保护个体的自我效能感,故而为遭受社会排斥的男性提供减震作用。但是,由于被排斥的女性主要受到关系威胁,故权力感对女性不能起到相应的作用。即权力感激活后,社会排斥对男性被试自我关注程度的提升作用将遭到减弱,但其对女性被试则不会有如此显著的影响。

(一)实验被试

本实验在北京某大学进行,以本科生为样本,参与实验的同学可以获得一定的课堂参与分数。本实验共有202名被试参与,去掉不完整的问卷后,最终获得159个有效样本,其中,男性83名,女性76名。

(二)实验设计

实验导语后分为四个部分,其中,第一部分为权力感操控,第二部分为社会排斥操控,第三部分为情绪量表,第四部分为自我关注程度测量。第一部分的权力操控为回忆描述任务,要求被试回忆并描述一次他们感到有权利或无权利的经历,详见附录中的B1。此操控方法在以往研究中有着广泛应用(Galinsky, Gruenfeld and Magee, 2003)。第二部分社会排斥操控与实验二相同,同样为回忆描述任务。第三部分的情绪量表采用PANAS量表,详见附录中的D2。第四部分自我关注程度的测量,采用的同样是实验二中的句子补充任务。

(三)数据分析与结果

本实验中的权力操控方法采取另外的小样本进行操控检验。该小样本预实验要求被试完成操控任务后在5分李克特量表上选择自己感知到的"有权力""有决定权""有掌控感"程度。31位大学生参加了实验,年龄分布在19—23岁,其中,男性12名,女性19名。三个操控问题信度良好(Cronbach's $\alpha = 0.963$),故取平均数作为操控检验分数,t检验结果显示,权力操控下被试的权力感得分显著高于无权力操控下被试得分[$t(29) = 8.101, p < 0.001$]。

在2(有权力/无权力)×2(被排斥/被接纳)×2(男/女)

的组间实验设计中每组样本数从 18—21 不等。对于实验数据的分析采用协方差分析,以权力操控、排斥操控、性别为固定因子,PA-NAS 量表因子得分为协变量,自我关注程度得分为因变量。结果显示,社会排斥操控和性别之间存在显著交互作用 [$F(1, 139) = 8.39$,$p = 0.004$],再次支持了假设 3-1。权力操控不存在主效应或与社会排斥和性别的双向交互效应(所有 $p \geq 0.329$),但权力操控、排斥操控和性别的三向交互作用是显著的 [$F(1, 139) = 4.19$,$p = 0.043$]。即权力操控通过调节社会排斥与性别的交互作用最终对被试自我关注程度产生影响。

本实验结果为假设 3-2 提供了有效支持,具体数据如表 4-13 至表 4-15 所示。

表 4-13　　　　　　　　　　主体间因子

		样本数
性别	男	80
	女	70
社会排斥	排斥	73
	接纳	77
权力	有	75
	无	75

表 4-14　　　　　　　　　　主体间效应的检验

因变量:自我关注

变量	Ⅲ型平方和	自由度	均方	F 值	p 值
校正模型	26.826[a]	10	2.683	1.665	0.095
截距	499.961	1	499.961	310.316	0.000
情绪因子 1	2.801	1	2.801	1.738	0.190
情绪因子 2	0.668	1	0.668	0.415	0.521
情绪因子 3	0.002	1	0.002	0.001	0.974
性别	0.057	1	0.057	0.035	0.852
社会排斥	0.079	1	0.079	0.049	0.826

续表

因变量：自我关注

变量	Ⅲ型平方和	自由度	均方	F值	p值
权力	0.421	1	0.421	0.261	0.610
排斥反应的性别差异					
性别×社会排斥	13.519	1	13.519	8.391	0.004
性别×权力	0.151	1	0.151	0.094	0.760
社会排斥×权力	1.546	1	1.546	0.959	0.329
性别×社会排斥×权力	6.745	1	6.745	4.186	0.043
误差	223.948	139	1.611		
总计	766.000	150			
校正的总计	250.773	149			

注：a. $R^2 = 0.107$（调整的 $R^2 = 0.043$）。

表 4-15　　　　　　　　　　交互作用均值估算

因变量：自我关注

性别	社会排斥	权力	均值	标准差	95%置信区间	
					下限	上限
男	排斥	有	1.728[a]	0.279	1.177	2.279
		无	2.543[a]	0.291	1.968	3.119
	接纳	有	1.810[a]	0.287	1.243	2.378
		无	1.337[a]	0.292	0.760	1.914
女	排斥	有	1.580[a]	0.320	0.947	2.213
		无	1.394[a]	0.324	0.753	2.035
	接纳	有	2.006[a]	0.303	1.406	2.605
		无	2.277[a]	0.288	1.708	2.847

注：a. 模型中出现的协变量在下列值处进行评估：情绪因子 1 = -0.0031730，情绪因子 2 = -0.0003146，情绪因子 3 = 0.0040784。

根据上述数据绘制交互作用效果，如图 4-3 和图 4-4 所示。

具体来看,在无权力感操控情景下,排斥操控和性别存在与实验二一致的交互作用[F(1,68) = 11.48,p = 0.001],而在权力感操控情景下,两者的交互作用不再显著[F(1,68) = 0.97,p = 0.328]。也就是说,权力操控有效干扰了社会排斥和性别的交互作用,使其不再产生交互影响。

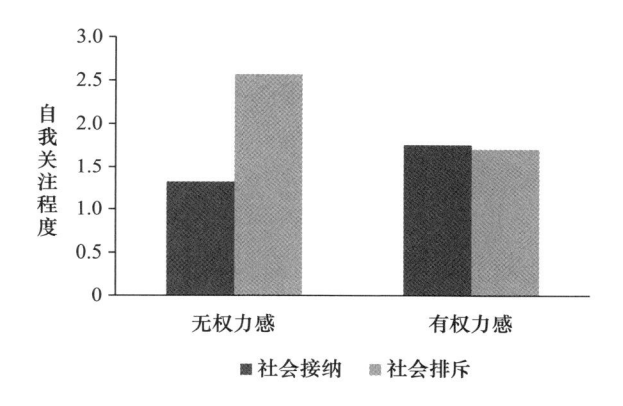

图4-3 权力操控对男性被试的干扰作用(实验三)

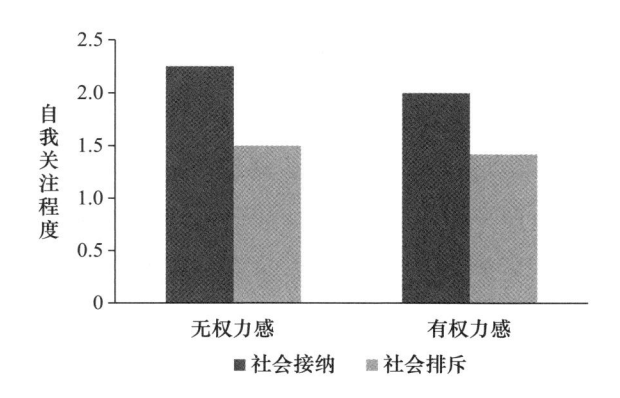

图4-4 权力操控对女性被试的干扰作用(实验三)

从另一个角度看,对于男性来说,权力操控和排斥操控具有显著的交互作用[F(1,73) = 5.31,p = 0.024]。在无权力感操控情景下，被排斥男性被试的自我关注程度均值为 2.57，显著高于被接纳被试的自我关注程度均值 1.32 [$F(1, 73) = 9.55$, $p = 0.003$]，也即在丧失权力的情况下，社会排斥会让男性更关注自己而非他人。但是，在权力感操控情景下，被排斥男性被试的自我关注程度均值为 1.71，并没有显著区别于被接纳男性被试的自我关注程度均值 1.76 [$F(1, 73) = 0.02$, $p = 0.884$]，即提前强化权力感可以帮助男性抵御社会排斥的影响。这也进一步支持了前文中男性在排斥经历中受到更多效能威胁的论断，因为权力感可以保护男性的效能感，进而在社会排斥影响中发挥减震作用。对于女性被试来说，权力操控和排斥操控不存在显著的交互作用 [$F(1, 63) = 1.09$, $p = 0.301$]，也即补充权力感对女性来说是没有特别影响的，因为女性在社会排斥中受到更多的关系威胁，这是与权力感无关的。

四 实验四：自我建构的调节作用

实验三验证了权力感可以干扰社会排斥对于男性被试的影响，实验四则关注针对女性被试的干扰作用，引入了自我建构操控。依据前文预测，独立自我建构将降低女性的关系需求，进而减弱社会排斥对女性的自我关注影响。

（一）实验被试

本实验在北京某大学暑期大学生夏令营期间进行，参与实验的被试为管理学院夏令营中来自全国各高校的大三学生。由于其中男性被试过少，故而本实验仅采取了女性被试的数据进行分析。在 83 名被试的参与中我们获得了 81 份有效女性样本，年龄为 18—27 岁（均值 $M = 21.5$，标准差 $SD = 1.47$）。

（二）实验设计

实验导语后分为三部分，第一部分为自我建构操控，第二部分为社会排斥操控，第三部分为自我关注程度测量。第一部分的自我建构操控采用了 Kühnen、Hannover 和 Schubert（2001）的操控方法，要求被试列举 8 项自己和亲人或朋友的共同之处或不同之处，详见附录中的 B2。第三部分的自我关注程度测量采取之前实验中的句子补充法。

第二部分的社会排斥操控采用了萨默和鲍默斯特（2002）的操控方法，详见附录中的A3。每位被试都将接收到20组英文词汇，每组词汇由四个单词构成，要求被试划去其中的一个无效单词以使剩下的三个单词构成一个有意义的词组或句子。在20组词汇中，10组作为操控任务出现，排斥组中的10组单词均存在与社会排斥相关的词汇，而接纳组中的10组单词则与社会接纳相关。这种操控方法与之前的操控方法最大的不同在于，这种操控方法只是激发排斥概念，并没有使被试真实感受到被排斥的经历。如果这种排斥方法同样能够得到预期的结论，则更能体现出社会排斥的强大影响作用。

（三）数据分析与结果

在2（独立自我建构/依存自我建构）×2（排斥操控/接纳操控）的组间设计中每组样本量为19—21。该实验社会排斥操控采用的是英文任务，所有参与夏令营的学生都通过了该校研究生的英语水平审核要求，语言问题并不构成障碍。另外，我们特别检查了所有问卷在该任务中的回答正确率，发现大家全部回答正确。以自我建构操控和社会排斥操控为固定因子、自我关注程度为因变量进行方差分析发现，两者交互作用显著［$F(1,77) = 3.97$，$p = 0.050$］，自我建构确实调节了社会排斥对女性自我关注程度的影响，支持了假设3-3的推论（见表4-16至表4-18）。

表4-16　　　　　　　　主体间因子

		样本数
自我建构	独立自我建构	40
	依存自我建构	41
社会排斥	排斥	42
	接纳	39

表 4-17　　　　　　　　　主体间效应的检验

因变量：自我关注

变量	Ⅲ型平方和	自由度	均方	F值	p值
校正模型	5.908[a]	3	1.969	1.454	0.234
截距	383.925	1	383.925	283.396	0.000
自我建构	0.001	1	0.001	0.001	0.976
社会排斥	0.556	1	0.556	0.410	0.524
自我建构×社会排斥	5.379	1	5.379	3.971	0.050
误差	104.314	77	1.355		
总计	497.000	81			
校正的总计	110.222	80			

注：a. $R^2 = 0.054$（调整的 $R^2 = 0.017$）。

表 4-18　　　　　　　　　交互作用均值估算

因变量：自我关注

自我建构	排斥	均值	标准差	95%置信区间	
				下限	上限
独立自我建构	排斥	2.524	0.254	2.018	3.030
	接纳	1.842	0.267	1.310	2.374
依存自我建构	排斥	2.000	0.254	1.494	2.506
	接纳	2.350	0.260	1.832	2.868

从具体数据来看，在独立自我建构操控下，社会排斥情景中女性被试的自我关注程度均值为2.52，社会接纳情景中女性被试的自我关注程度均值为1.84，两者的差别边际显著[$F(1, 77) = 3.43$, $p = 0.068$]。也即强化独立自我建构后，女性出现了类似于男性的排斥反应，在遭遇社会排斥后更倾向于关注自己而非他人。但依存自我建构操控下社会排斥并未出现显著作用[$F(1, 77) = 0.93$, $p = 0.339$]，排斥组自我关注均值2.00与接纳组自我关注均值2.35

不存在显著差别（见表4-18）。

在独立自我建构操控情景下，女性被试出现了类似于男性被试的自我关注程度上升的变动趋势，说明强化独立自我建构在弱化关系需求的同时可以有效启发效能需求，扭转女性的后续认知变化趋势，替代性别的影响作用。而在依存自我建构操控情景下，社会排斥却没有像之前实验一样导致女性被试显著的自我关注水平下降。我们认为，可能的原因有二：一是人们从本质上相信自己是与他人不同的，所以，总结多项自己与他人的相同之处会更为困难，而这种感知到的困难反而强化了被试对于自己与他人不同的认知。二是过于强调自己与他人的相同之处反而会导致被试追求自我的独特性，反过来弱化被试的关系需求（见图4-5）。

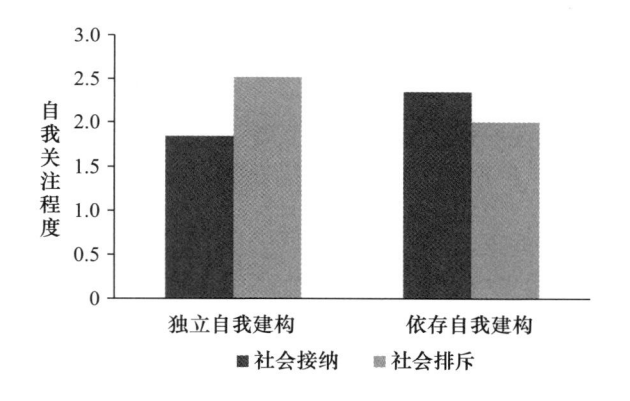

图4-5　女性被试社会排斥与自我建构的交互作用（实验四）

第二节　消费行为影响

一　实验五：薪水偏好

实验五探究社会排斥对于不同性别被试的薪水偏好的影响。本实验设计了一个兼职工作的场景，需要被试对薪水和工作量做出权衡，高薪水搭配高工作负荷，低薪水搭配低工作负荷。根据前文的理论，男性被试被排斥后注意力导向自身，寻求自我效能感的补充，故而会更想要追求金钱，也即更偏好高薪工作；而女性被试被排斥后注意力导向他人，寻求关系感的补充，对金钱的欲望应该不如男性强烈。

（一）实验被试

本实验是在一所高中进行的，以高中生为被试。有120名被试参与该实验，剔除不完整问卷后获得103个用于数据分析的有效样本，其中，男性48人，女性55人，年龄为14—17岁（均值$M = 15.9$，标准差$SD = 0.75$）。

（二）实验设计

被试接收到一份问卷，导语中写明本问卷包含三个并不相关的部分，并要求被试按顺序作答。

第一部分为社会排斥操控，被试被随机分配到排斥组和接纳组，回忆并描述一次自己感受强烈或最近发生的被排斥或被接纳的经历。

第二部分为自我关注程度测量，采用之前实验中采用的句子补充任务。

第三部分是关于工作薪酬偏好的测量，详见附录中的F1。这一部分的介绍说明，实验者想要了解高中生对兼职工作的态度，并提供同一种兼职工作的两个薪酬方案。该工作内容为地区交通管理部门监控交通情况，需要每天工作4个小时，经简单培训后即可上岗。两种方案中A方案要求被试同时监控三台监控器的实时信息，报酬为每月300元；B方案则要求被试同时监控六台监控器的实时信息，报酬为每月600元。被试需要在7分李克特量表上选择他们更倾向于选择哪种方案。最后被试需回答个人信息问题，包括性别、年龄和月可支配收入。

(三) 数据分析和结果

在 2（被排斥/被接纳）×2（男/女）的组间设计中，每组样本数从 23—28 人不等。

通过独立样本 t 检验，操控检验结果显著 [$t(101) = 16.73$, $p < 0.001$]，排斥组汇报的感知接纳程度为 1.75，显著小于接纳组汇报的 4.08，说明操控方法有效（见表 4-19 和表 4-20）。

表 4-19　　　　　　　　　　组统计量

社会排斥		样本数	均值	标准差	均值标准差
感知接纳	排斥	52	1.75	0.622	0.086
	接纳	50	4.08	0.778	0.110

表 4-20　　　　　　　　　　独立样本检验

		方差方程的 Levene 检验		均值方程的 t 检验					差分的 95% 置信区间	
		F 值	p 值	t 值	自由度	p 值（双侧）	均值标准差	标准差	下限	上限
感知接纳	假设方差相等	0.446	0.506	-16.732	100	0.000	-2.330	0.139	-2.606	-2.054
	假设方差不相等			-16.659	93.730	0.000	-2.330	0.140	-2.608	-2.052

以社会排斥和性别为固定因子，以高薪工作偏好为因变量，控制了情绪和可支配收入后的协方差分析表明，社会排斥和性别在薪水偏好上的交互作用显著 [$F(1, 95) = 5.07$, $p = 0.027$]，结果支持假设 3-4，说明对不同性别来说社会排斥影响其薪水偏好的方式不同（见表 4-21 至表 4-23）。

表 4-21　　　　　　　　主体间因子

社会排斥		样本数
社会排斥	排斥	52
	接纳	51
性别	男	48
	女	55

表 4-22　　　　　　　主体间效应的检验

因变量：高薪工作偏好

变量	Ⅲ型平方和	自由度	均方	F 值	p 值
校正模型	39.365[a]	7	5.624	1.504	0.175
截距	92.767	1	92.767	24.818	0.000
可支配收入	8.176	1	8.176	2.187	0.142
情绪 1	0.861	1	0.861	0.230	0.632
情绪 2	0.374	1	0.374	0.100	0.752
情绪 3	0.451	1	0.451	0.121	0.729
社会排斥	4.385	1	4.385	1.173	0.281
性别	12.376	1	12.376	3.311	0.072
社会排斥×性别	18.956	1	18.956	5.071	0.027
误差	355.101	95	3.738		
总计	2585.000	103			
校正的总计	394.466	102			

注：a. $R^2 = 0.100$（调整的 $R^2 = 0.033$）。

表 4-23　　　　　　　交互作用均值估算

因变量：高薪工作偏好

社会排斥	性别	均值	标准差	95% 置信区间	
				下限	上限
排斥	男	5.723[a]	0.423	4.885	6.562
	女	4.005[a]	0.408	3.195	4.814
接纳	男	4.378[a]	0.460	3.466	5.291
	女	4.396[a]	0.389	3.623	5.168

注：a. 模型中出现的协变量在下列值处进行评估：可支配收入 = 358.06，情绪 1 = 3.17，情绪 2 = 3.18，情绪 3 = 3.27。

根据以上数据绘制交互作用效果,如图4-6所示。对于男性被试来说,社会排斥会显著提高了其对高薪工作方案的偏好 [$F(1, 95) = 4.61$,$p = 0.034$],男性被试接受排斥操控后的高薪工作偏好均值为5.72,显著高于接纳操控后的均值4.38。但对女性被试来说,社会排斥对其薪水偏好不产生显著影响 [$F(1, 95) = 0.53$,$p = 0.496$],女性被试排斥组汇报的高薪工作偏好均值为4.01,与接纳组均值4.40并不存在统计意义上的显著差异。即社会排斥使男性被试更愿意接受高薪水高负荷的工作,但社会排斥并不会影响女性的偏好选择。该结果为假设3-4提供了支持。

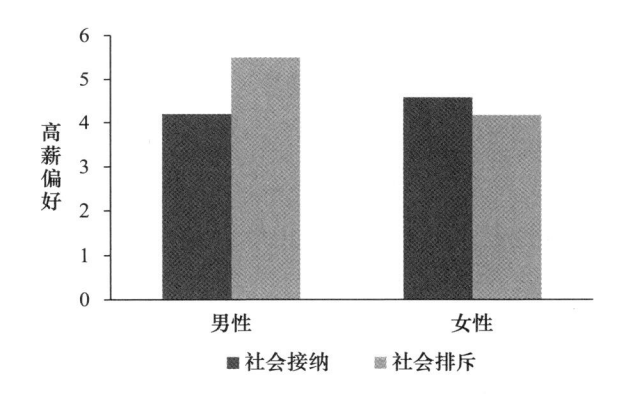

图4-6 社会排斥对男女高薪偏好的影响(实验五)

根据前文结论,男性遭受社会排斥后会受到更严重的效能威胁,需要进行效能补偿;而女性遭受社会排斥后会受到更严重的关系威胁,需要进行关系补偿。金钱能够有效地补充效能感,故而排斥组男性会更倾向于获取金钱以补充效能感。本书前四个实验展示出自我关注程度可以很好地代表效能和关系威胁,那么自我关注程度也应在本实验中发挥中介作用。

为了进一步验证自我关注在以上效应中的中介作用,此处首先采取巴龙和肯尼(Baron and Kenny,1986)的三步中介检验法。即要证实中介作用需要达成三个条件，分别为自变量对因变量有显著影响，自变量对中介变量有显著影响，自变量和中介变量共同预测因变量时中介变量作用显著而自变量效果减弱甚至消失。

上一步数据分析已证实自变量对因变量的显著影响，也即社会排斥—性别交互项对被试的薪水偏好有显著影响［$F(1, 95) = 4.93$, $p = 0.029$］。第二个步骤需要检验自变量对中介变量也有显著影响。把上一步分析中的因变量替换为自我关注程度，结果显示，社会排斥—性别交互项同时也对自我关注程度有显著影响［$F(1, 95) = 11.80$, $p = 0.001$］，数据变动趋势与预测相符，这个结果与之前实验结果是相吻合的（见表4–24至表4–26）。

表4–24　　　　　　　　　主体间因子

		样本数
社会排斥	排斥	52
	接纳	51
性别	男	48
	女	55

表4–25　　　　　　　　　主体间效应的检验

因变量：自我关注

变量	Ⅲ型平方和	自由度	均方	F值	p值
校正模型	23.605[a]	7	3.372	2.554	0.019
截距	32.466	1	32.466	24.591	0.000
可支配收入	1.754	1	1.754	1.329	0.252
情绪1	0.124	1	0.124	0.094	0.760
情绪2	0.721	1	0.721	0.546	0.462
情绪3	0.004	1	0.004	0.003	0.955
社会排斥	0.166	1	0.166	0.126	0.723
性别	1.595	1	1.595	1.208	0.275
社会排斥×性别	15.582	1	15.582	11.802	0.001

续表

因变量：自我关注

变量	Ⅲ型平方和	自由度	均方	F 值	p 值
误差	125.424	95	1.320		
总计	522.000	103			
校正的总计	149.029	102			

注：a. $R^2 = 0.158$（调整的 $R^2 = 0.096$）。

表4–26　　　　　　　　　交互作用均值估算

因变量：自我关注

社会排斥	性别	均值	标准差	95%置信区间	
				下限	上限
排斥	男	2.402[a]	0.251	1.904	2.901
	女	1.310[a]	0.242	0.829	1.791
接纳	男	1.708[a]	0.273	1.165	2.250
	女	2.190[a]	0.231	1.730	2.649

注：a. 模型中出现的协变量在下列值处进行评估：可支配收入 = 358.06，情绪 1 = 3.17，情绪 2 = 3.18，情绪 3 = 3.27。

在最后一个中介效应分析步骤中，需要将自变量和中介变量同时纳入分析，如果中介变量对因变量有显著影响，而自变量的效应减弱或消失，则证实中介变量可以解释自变量对因变量的效应，中介作用成立。

以社会排斥×性别交互项和自我关注程度为模型自变量，以高薪工作偏好为因变量，控制可支配收入和情绪后进行方差分析。结果显示，社会排斥×性别交互项的作用变得不显著［$F(1, 94) = 2.09$，$p = 0.151$］，而自我关注可以很好地预测被试薪水偏好［$F(1, 94) = 4.67$，$p = 0.033$］。这说明自我关注程度可以解释交互效应的作用，即自我关注起到了预期的中介作用（见表4–27和表4–28）。

表 4-27　　　　　　　　　主体间因子

		样本数
社会排斥	排斥	52
	接纳	51
性别	男	48
	女	55

表 4-28　　　　　　　　主体间效应的检验

因变量：高薪工作偏好

变量	Ⅲ型平方和	自由度	均方	F值	p值
校正模型	56.179[a]	8	7.022	1.951	0.061
截距	45.226	1	45.226	12.567	0.001
可支配收入	5.561	1	5.561	1.545	0.217
情绪1	1.115	1	1.115	0.310	0.579
情绪2	0.846	1	0.846	0.235	0.629
情绪3	0.419	1	0.419	0.117	0.734
自我关注	16.814	1	16.814	4.672	0.033
社会排斥	5.026	1	5.026	1.397	0.240
性别	9.220	1	9.220	2.562	0.113
社会排斥×性别	7.525	1	7.525	2.091	0.151
误差	338.287	94	3.599		
总计	2585.000	103			
校正的总计	394.466	102			

注：a. $R^2 = 0.142$（调整的 $R^2 = 0.069$）。

Preacher、Rucker 和 Hayes（2007）对三步法提出一些疑问，并提供了后续的改进，在此本书将利用他们的调解中介检验方法及 PROCESS 程序对本中介进行进一步检测。将社会排斥作为自变量，性别作为调节变量，自我关注作为中介变量，情绪和可支配收入作为协变量，选择模型 8，Bootstrap 选择 1000 进行分析。结果显示，在男性被试中，社会排斥的直接效应边际显著（t = -1.76，p =

0.082），但在女性被试中，社会排斥的直接效应不显著（$t = 0.12$，$p = 0.902$）。条件间接效应结果显示，对于男性来说，自我关注的中介效果为 -0.25，90% 置信区间为 [-0.67，-0.02]，对于女性来说，自我关注的中介效果为 0.32，95% 置信区间为 [0.05，0.76]。说明在两种性别情况下，社会排斥均能通过自我关注对被试薪水偏好造成间接效应，男性间接效应边际显著，女性间接效应显著。此结果验证了假设 3–5。具体数据见附录八。

二 实验六：显性产品偏好

实验六探究社会排斥对于不同性别被试的显性产品偏好的影响。显性产品选择本身就是他人导向的行为，可以作为关系威胁的应对手段，帮助个体获得他人的关注。根据前文的预测，社会排斥将可以提升女性被试的显性产品偏好，但对男性的影响将减弱。

（一）实验被试

本实验同样以高中生为被试。有 150 名被试参与该实验，剔除不完整问卷后，获得 126 个用于数据分析的有效样本，其中，男女各半，年龄为 16—18 岁（均值 $M = 16.6$，标准差 $SD = 0.65$）。

（二）实验设计

实验设计和过程与实验五相似，实验第一部分为操控社会排斥的回忆任务，第二部分为测量自我关注程度的句子补充任务，第三部分为显性产品偏好测量。

对于显性产品偏好的测量，本部分借鉴 Lee 和 Shrum（2012）的实验材料，详见附录中的 F2。实验要求被试想象自己参加耐克的网上调查活动并可以获赠一顶耐克运动帽。题目中为被试提供了两款运动帽的图片，两者均为带有白色耐克图案的黑色帽子。其中，A 款的图案更小，B 款的图案更大，两者唯一的差别就在于图案的大小。被试要在 5 分李克特量表上选择他们更偏好哪一款运动帽，数值越高表示越偏爱大图案的帽子。

（三）数据分析和结果

在 2（被排斥/被接纳）×2（男/女）的组间设计中，每组样本数从30—33人不等。操控检验结果显著 [t(124) = 23.65, p < 0.001],排斥组的感知接纳度1.77,显著小于接纳组的4.17,说明社会排斥的自变量操控是成功的(见表4-29和表4-30)。

表4-29　　　　　　　　　　组统计量

社会排斥		样本数	均值	标准差	均值标准差
感知接纳	排斥	66	1.77	0.520	0.064
	接纳	60	4.17	0.615	0.079

表4-30　　　　　　　　　　独立样本检验

		方差方程的Levene检验		均值方程的t检验					差分的95%置信区间	
		F值	p值	t值	自由度	p值(双侧)	均值标准差	标准差	下限	上限
感知接纳	假设方差相等	0.677	0.412	-23.652	124	0.000	-2.394	0.101	-2.594	-2.194
	假设方差不相等			-23.464	116.100	0.000	-2.394	0.102	-2.596	-2.192

本实验数据分析方式同实验五,控制了情绪后的协方差分析表明,社会排斥和性别在显性产品偏好上的交互作用显著 [F(1, 119) = 4.27, p = 0.041]。

对于女性被试来说,社会排斥显著提高了其对显性产品的偏好 [F(1, 119) = 9.63, p = 0.002],排斥组女性被试对图案更大的显性产品的偏好程度为3.94,显著高于接纳组被试的偏好程度2.83。但对男性被试来说,社会排斥对其显性产品偏好不产生显著影响 [F(1, 119) = 0.14, p = 0.705],排斥组男性被试对显性产品的偏好3.48在统计意义上与接纳组男性被试的显性产品偏好3.34不存在显著差别。这支持了前文提出的理论，女性遭遇社会排斥后会主要寻求弥补关系威胁，显性产品能够增加个体的社会可见性，进而产生社交补偿，所以会受到被排斥女性的青睐。该结果为假设 3-6 提供了支持，其交互作用如表 4-31 至表 4-33 所示。

表 4-31　　　　　　　　　　主体间因子

		样本数
社会排斥	排斥	66
	接纳	60
性别	男	63
	女	63

表 4-32　　　　　　　　　　主体间效应的检验

因变量：显性产品偏好

变量	Ⅲ型平方和	自由度	均方	F 值	p 值
校正模型	23.811[a]	6	3.968	2.307	0.038
截距	51.540	1	51.540	29.958	0.000
情绪 1	0.262	1	0.262	0.152	0.697
情绪 2	4.118	1	4.118	2.394	0.124
情绪 3	8.011	1	8.011	4.656	0.033
社会排斥	8.653	1	8.653	5.030	0.027
性别	0.010	1	0.010	0.006	0.940
社会排斥 × 性别	7.338	1	7.338	4.265	0.041
误差	204.729	119	1.720		
总计	1696.000	126			
校正的总计	228.540	125			

注：a. $R^2 = 0.104$（调整的 $R^2 = 0.059$）。

表 4-33　　　　　　　　　交互作用均值估算

因变量：显性产品偏好

社会排斥	性别	均值	标准差	95%置信区间	
				下限	上限
排斥	男	3.477[a]	0.242	2.997	3.956
	女	3.943[a]	0.240	3.469	4.418
接纳	男	3.337[a]	0.258	2.827	3.847
	女	2.834[a]	0.250	2.339	3.329

注：a. 模型中出现的协变量在下列值处进行评估：情绪 1 = 3.16，情绪 2 = 3.13，情绪 3 = 3.21。

根据上述数据绘制交互作用效果图，见图 4-7。由图 4-7 可见，社会排斥并不会影响到男性对于显性产品的偏好，但会显著提高女性对显性产品的偏好。该效应的出现是与显性产品独特的社会属性相关联的。显性产品能够让个体在社交环境中具备更高的可见性，吸引更多的关注，进而提高产生下一步社会交互的可能性。故而女性被试在遭遇排斥后对显性产品的偏好将可以代表其社交欲望，体现出对关系威胁的补偿。

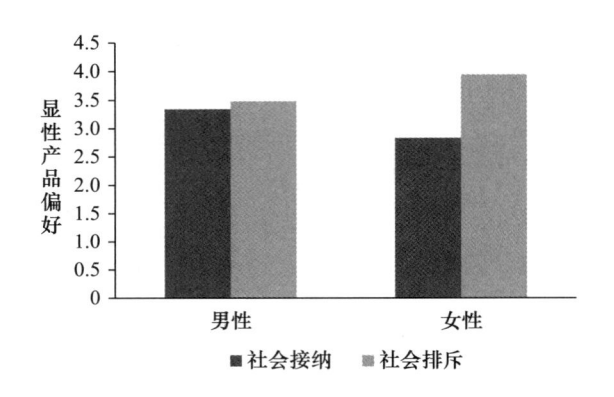

图 4-7　社会排斥对男女显性产品偏好的影响（实验六）

为了进行中介效应的检验，同样采用三步中介检验方法。上一步数据表明，社会排斥×性别交互项对被试的显性产品偏好有显著影响 [$F(1, 119) = 4.27$, $p = 0.041$]，符合三步法第一步要求。将因变量替换为自我关注程度，方差分析结果表明，社会排斥×性别交互项同时也对自我关注程度有显著影响 [$F(1, 119) = 8.26$, $p = 0.005$]，符合三步法第二步的要求，自变量对中介变量的影响趋势也符合前文的研究结论（见表4-34至表4-36）。

表4-34　　　　　　　　　　　主体间因子

		样本数
社会排斥	排斥	66
	接纳	60
性别	男	63
	女	63

表4-35　　　　　　　　　　　主体间效应的检验

因变量：自我关注

变量	Ⅲ型平方和	自由度	均方	F值	p值
校正模型	18.797[a]	6	3.133	2.410	0.031
截距	23.015	1	23.015	17.703	0.000
情绪1	1.633	1	1.633	1.256	0.265
情绪2	2.532	1	2.532	1.947	0.165
情绪3	0.038	1	0.038	0.030	0.864
社会排斥	0.382	1	0.382	0.294	0.589
性别	4.435	1	4.435	3.411	0.067
社会排斥×性别	10.736	1	10.736	8.258	0.005
误差	154.703	119	1.300		
总计	597.000	126			
校正的总计	173.500	125			

注：a. $R^2 = 0.108$（调整的 $R^2 = 0.063$）。

表 4-36　　　　　　　　　　交互作用均值估算

因变量：自我关注

社会排斥	性别	均值	标准差	95% 置信区间	
				下限	上限
排斥	男	1.997[a]	0.210	1.580	2.413
	女	1.795[a]	0.208	1.382	2.207
接纳	男	1.279[a]	0.224	0.836	1.723
	女	2.250[a]	0.217	1.820	2.680

注：a. 模型中出现的协变量在下列值处进行评估：情绪 1 = 3.16，情绪 2 = 3.13，情绪 3 = 3.21。

在第三步分析中，把社会排斥×性别交互项和自我关注程度同时放在模型自变量中，控制情绪，以显性产品偏好为因变量，方差分析结果显示，社会排斥×性别交互项的作用变得不显著 [$F(1, 118) = 2.37$, $p = 0.127$]，而自我关注对显性产品偏好的作用为边际显著 [$F(1, 118) = 3.54$, $p = 0.062$]（见表 4-37）。

表 4-37　　　　　　　　　　主体间效应的检验

因变量：显性产品偏好

变量	Ⅲ型平方和	自由度	均方	F 值	p 值
校正模型	29.778[a]	7	4.254	2.525	0.019
截距	57.415	1	57.415	34.086	0.000
情绪 1	0.576	1	0.576	0.342	0.560
情绪 2	5.396	1	5.396	3.203	0.076
情绪 3	8.228	1	8.228	4.885	0.029
自我关注	5.967	1	5.967	3.543	0.062
社会排斥	9.359	1	9.359	5.556	0.020
性别	0.096	1	0.096	0.057	0.812
社会排斥×性别	3.989	1	3.989	2.368	0.127
误差	198.762	118	1.684		
总计	1696.000	126			
校正的总计	228.540	125			

注：a. $R^2 = 0.130$（调整的 $R^2 = 0.079$）。

数据分析结果符合中介检验三步法的所有条件，说明自变量对因变量的影响作用是可以被中介变量解释的，故而中介效应成立。换句话说，不同性别个体在遭遇社会排斥后对显性产品展现出的不同偏好是可以被其自我关注程度预测的，尤其对女性来说，遭遇社会排斥后自我关注程度下降，代表了更大的关系威胁和更高的关系渴望，进而产生了对显性产品更大的偏好。

采用 PROCESS 程序再次对调节中介作用进行检测，以社会排斥作为自变量，性别作为调节变量，自我关注作为中介变量，情绪作为协变量，Bootstrap 选择 1000 进行分析。结果显示，在男性被试中，社会排斥的直接效应不显著（$t=-0.75$，$p=0.455$），但在女性被试中，社会排斥的直接效应显著（$t=-2.86$，$p=0.005$）。而条件间接效应结果显示，对于男性来说，自我关注的中介效果为 0.14，95% 置信区间为 [-0.01, 0.44]，90% 置信区间为 [0.01, 0.37]，对于女性来说，自我关注的中介效果为 -0.09，95% 置信区间为 [-0.36, 0.01]，90% 置信区间为 [-0.33, 0]。说明在两种性别情况下，社会排斥均能通过自我关注对被试显性产品偏好造成边际显著的间接效应。此结果验证了假设 3-7。具体数据见附录九。

三　实验七：美丽产品支付意愿

实验七探究社会排斥对于不同性别被试的美丽产品支付意愿的影响。提升外表吸引力可以帮助个体吸引他人和建立联系，是应对关系威胁的有效手段。根据前文的预测，社会排斥将可以提高女性被试的美丽产品支付意愿，但对男性的影响将减弱。

（一）实验被试

本实验以北京某大学的大学生为被试。有 110 名被试参与该实验，剔除不完整问卷后，获得 94 个用于数据分析的有效样本，其中，男性 45 人，女性 49 人，年龄为 17—21 岁（均值 $M=19.0$，标准差 $SD=0.75$）。

（二）实验设计

实验设计和过程与实验六相似，实验第一部分为操控社会排斥的回忆任务，第二部分为测量自我关注程度的句子补充任务，第三部分为美丽产品支付意愿的测量。第三部分要求被试填写他们愿意为聚美优品 100 元面值的电子券支付的价格，其中，对于聚美优品的描述为"一家以'聚集美丽，成人之美'为宗旨，集男性和女性消费者所需护肤品、化妆品、衣物首饰等产品于一体的正品限时特卖网站"，详见附录中的 F3。

（三）数据分析和结果

在 2（被排斥/被接纳）×2（男/女）的组间设计中，每组样本数为 21—25 人不等。操控检验结果显著 [$t(88) = 21.14$，$p < 0.001$]，排斥组的感知接纳程度 1.88 显著小于接纳组的 4.32，说明社会排斥的自变量操控是成功的（见表 4-38 和表 4-39）。

表 4-38　　　　　　　　　　组统计量

社会排斥		样本数	均值	标准差	均值标准差
感知接纳	排斥	43	1.88	0.498	0.076
	接纳	47	4.32	0.594	0.087

表 4-39　　　　　　　　　　独立样本检验

		方差方程的 Levene 检验		均值方程的 t 检验					差分的95% 置信区间	
		F 值	p 值	t 值	自由度	p 值（双侧）	均值标准差	标准差	下限	上限
感知接纳	假设方差相等	7.974	0.006	-20.979	88	0.000	-2.435	0.116	-2.666	-2.205
	假设方差不相等			-21.143	87.368	0.000	-2.435	0.115	-2.664	-2.206

以社会排斥和性别为固定因子，美丽产品支付意愿为因变量，控制了情绪后的协方差分析表明，社会排斥和性别在电子券支付意愿上的交互作用显著[F(1, 89) = 6.48，p = 0.013]。对于女性被试来说，社会排斥后其愿意支付的平均价格为68.37元，显著高于社会接纳组愿意支付的平均价格48.17元[F(1, 89) = 7.23，p = 0.009]，但对男性被试来说，社会排斥并没有对其支付意愿产生显著影响[F(1, 89) = 0.84，p = 0.361]，排斥组均值50.49元与接纳组均值58.02元之间不存在显著差异（见表4-40至表4-42）。该结果为假设3-8提供了支持，其交互作用见图4-8。

表4-40　　　　　　　　　　主体间因子

		样本数
社会排斥	排斥	46
	接纳	48
性别	男	45
	女	49

表4-41　　　　　　　　　　主体间效应的检验

因变量：支付意愿

变量	Ⅲ型平方和	自由度	均方	F值	p值
校正模型	6103.304[a]	4	1525.826	2.200	0.075
截距	15480.775	1	15480.775	22.318	0.000
情绪	37.095	1	37.095	0.053	0.818
社会排斥	926.858	1	926.858	1.336	0.251
性别	366.963	1	366.963	0.529	0.469
社会排斥×性别	4495.990	1	4495.990	6.482	0.013
误差	61733.675	89	693.637		
总计	368700.000	94			
校正的总计	67836.979	93			

注：a. $R^2 = 0.090$（调整的 $R^2 = 0.049$）。

表 4-42　　　　　　　　交互作用均值估算

因变量：支付意愿

社会排斥	性别	均值	标准差	95% 置信区间	
				下限	上限
排斥	男	50.491[a]	5.748	39.070	61.911
	女	68.367[a]	5.309	57.818	78.915
接纳	男	58.023[a]	5.438	47.217	68.828
	女	48.166[a]	5.379	37.478	58.854

注：a. 模型中出现的协变量在下列值处进行评估：情绪 = 3.55。

根据上述数据绘制交互作用效果图，见图 4-8。如图 4-8 所示，对男性来说，社会排斥并没有影响其对于可以提升自己外表吸引力的产品的支付意愿；但对于女性来说，社会排斥显著提高了其对于美丽产品的支付意愿。这表示，对于女性来说，社会排斥让她们认为外表吸引力是更重要也更值钱的，她们也愿意为了提高自己的外表吸引力而付出更高的费用。

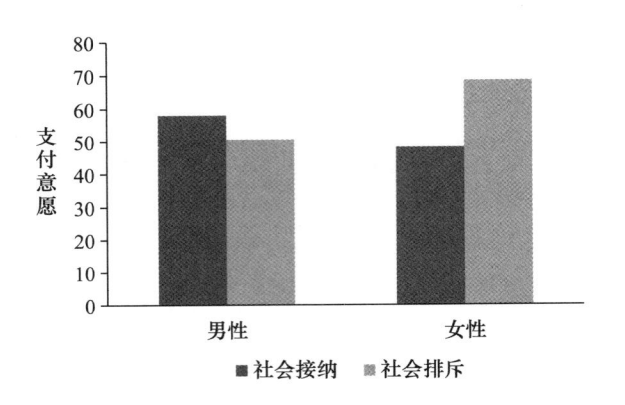

图 4-8　社会排斥对男女美丽产品支付意愿的影响（实验七）

这与前文的预测是完全相符的，因为对于女性来说，外表吸引力是其获取更多社会联系的重要方式之一，所以，在遭遇社会排斥后，女性会更倾向于通过提高外表吸引力来弥补受威胁的关系需求。而对于男性来说，社会排斥更多影响到的是其效能需求，故而他们会更倾向于通过提高或展现控制能力、权力、金钱等手段进行补偿，而非提高外表吸引力。该结果支持了假设3-8。

为了进一步检测不同威胁的中介作用，后续分析依然采取了三步中介检验方法。根据上一部分的分析结果，社会排斥×性别交互项对被试的美丽产品支付意愿有显著影响[$F(1, 89) = 6.48$，$p = 0.013$]。将因变量替换为中介变量自我关注程度，控制情绪进行协方差分析，结果显示，社会排斥×性别交互项也对自我关注程度有显著影响[$F(1, 89) = 5.95$，$p = 0.017$]。且数据趋向与之前实验结果相吻合，社会排斥增加了男性的自我关注程度，降低了女性的自我关注程度（见表4-43至表4-45）。

表4-43　　　　　　　　　主体间因子

		样本数
社会排斥	排斥	46
	接纳	48
性别	男	45
	女	49

表4-44　　　　　　　　　主体间效应的检验

因变量：自我关注

变量	Ⅲ型平方和	自由度	均方	F值	p值
校正模型	13.068^a	4	3.267	2.129	0.084
截距	35.424	1	35.424	23.089	0.000
情绪	3.570	1	3.570	2.327	0.131
社会排斥	0.083	1	0.083	0.054	0.817
性别	0.292	1	0.292	0.190	0.664
社会排斥×性别	9.124	1	9.124	5.947	0.017

续表

因变量：自我关注

变量	Ⅲ型平方和	自由度	均方	F值	p值
误差	136.549	89	1.534		
总计	502.000	94			
校正的总计	149.617	93			

注：a. $R^2 = 0.087$（调整的 $R^2 = 0.046$）。

表4-45　　　　　　　　　　交互作用均值估算

因变量：自我关注

社会排斥	性别	均值	标准差	95%置信区间	
				下限	上限
排斥	男	2.290[a]	0.270	1.753	2.827
	女	1.552[a]	0.250	1.056	2.049
接纳	男	1.725[a]	0.256	1.217	2.234
	女	2.237[a]	0.253	1.734	2.740

注：a. 模型中出现的协变量在下列值处进行评估：情绪 = 3.55。

根据中介检验三步法第三步的分析原则，把交互项和自我关注程度同时放在模型中去预测消费者支付意愿，则交互项的作用变得不显著 [$F(1, 88) = 2.66$，$p = 0.107$]，而自我关注对显性产品偏好的作用显著 [$F(1, 88) = 17.94$，$p < 0.001$]。这说明社会排斥—性别交互项对消费者美丽产品支付意愿的影响是可以被自我关注程度所解释的，即自我关注程度可以在社会排斥—性别交互项和消费者美丽产品支付意愿之间起到中介作用。也即，男性和女性遭遇社会排斥后产生的威胁不一样，所以，注意力的投放也出现了差别，而这种差别可以预测其后续美丽产品支付意愿。尤其对女性来说，社会排斥使其将注意力更多地放在他人身上，故而愿意采用增强外表吸引力的方式弥补社会关系的断裂与缺失（见表4-46和表4-47）。

表 4-46　　　　　　　　　　主体间因子

		样本数
社会排斥	排斥	46
	接纳	48
性别	排斥	45
	接纳	49

表 4-47　　　　　　　　　主体间效应的检验

因变量：支付意愿

变量	Ⅲ型平方和	自由度	均方	F 值	p 值
校正模型	16556.823[a]	5	3311.365	5.683	0.000
截距	24734.635	1	24734.635	42.446	0.000
情绪	498.696	1	498.696	0.856	0.357
自我关注	10453.519	1	10453.519	17.939	0.000
社会排斥	779.513	1	779.513	1.338	0.251
性别	207.696	1	207.696	0.356	0.552
社会排斥×性别	1546.921	1	1546.921	2.655	0.107
误差	51280.156	88	582.729		
总计	368700.000	94			
校正的总计	67836.979	93			

注：a. $R^2 = 0.244$（调整的 $R^2 = 0.201$）。

为了进一步明确中介作用机制，继续采用 PROCESS 程序再次对调节中介作用进行检测，以社会排斥作为自变量，性别作为调节变量，自我关注作为中介变量，情绪作为协变量，Bootstrap 选择 1000 进行分析。结果显示，在男性被试中，社会排斥的直接效应不显著（$t = 0.35$，$p = 0.725$），但在女性被试中，社会排斥的直接效应显著（$t = -2.01$，$p = 0.047$）。而条件间接效应结果显示，对于男性来说，自我关注的中介效果为 4.94，95% 置信区间为 [-0.78, 14.18]，90% 置信区间为 [0.17, 12.25]。对于女性来说，自我关

注的中介效果为 -5.99，95% 置信区间为 [-14.64, -0.48]。说明在两种性别情况下，社会排斥均能通过自我关注对被试的美丽产品支付意愿造成边际显著的间接效应。此结果验证了假设 3-9。具体数据见附录十。

第三节 品牌排斥

一 实验八：品牌排斥解读

实验八是关于品牌排斥的一个前测实验，探测不同性别的个体是否会从不同的角度看待品牌排斥的经历。本实验采用了信用卡申请的情景作为品牌排斥的背景，通过一些简单的问题，探测个体对于品牌排斥的解读方式。

（一）实验被试

本实验以线上调查方式进行，通过调查网站的被试库招募被试。共有 105 名被试参加了本实验，其中，男性 49 名，女性 56 名，年龄为 20—54 岁（均值 M = 31.5，标准差 SD = 6.39）。

（二）实验设计

本实验提供一个情景问卷，要求被试想象自己处于特定情景中并回答问题。

问卷要求被试想象自己去申请一张招商银行的信用卡，详见附录中的 C1。在简单介绍该信用卡之后，被试会被随机分配到排斥组或接纳组。排斥组的情景告诉被试，"15 天后，招行提示您未能通过银行的信用审核，您的申请失败了。根据规定，您可以在三个月后再次提交申请。"接纳组的情景告诉被试，"15 天后，招行提示您已通过银行的信用审核，您的申请已被受理。根据规定，您可以在一个星期内收到您的信用卡。"

情景描述结束后，被试需要回答情绪和操控检验问题。而后，被试需要在 7 分李克特量表上选择他们对四句描述的认同程度。这四条描述中两条是关系导向的,分别为"我相信在以后与招行的互动中我会得到友好的对待"和"我相信我以后能和招行建立良好的关系";另外两条描述是效能导向的,分别为"我希望招行能够肯定和认可我的价值"和"我希望获得招行的尊重"。最后被试需回答其性别、年龄等人口统计问题。

(三)数据分析和结果

在2(品牌排斥/品牌接纳)×2(男/女)的组间实验设计中,每组的样本数为24—29人不等。操控检验结果显著[$t(103)=8.28$,$p<0.001$],排斥组感知到的被接纳程度为3.25,显著低于接纳组的5.62,也即排斥操控确实让被试感到不被接纳,证明本操控方法是成功的(见表4-48和表4-49)。

表4-48　　　　　　　　　　组统计量

社会排斥		样本数	均值	标准差	均值标准差
感知接纳	排斥	52	3.25	1.725	0.239
	接纳	53	5.62	1.164	0.160

表4-49　　　　　　　　　　独立样本检验

		方差方程的Levene检验		均值方程的t检验					差分的95%置信区间	
		F值	p值	t值	自由度	p值(双侧)	均值标准差	标准差	下限	上限
感知接纳	假设方差相等	6.255	0.014	-8.276	103	0.000	-2.373	0.287	-2.941	-1.804
	假设方差不相等			-8.246	89.272	0.000	-2.373	0.288	-2.944	-1.801

对于四条描述认同程度的因子分析显示,四个条目可划分为两

个因子，因子划分符合预期，累计解释方差可达 88.9%。从旋转后的成分矩阵来看，表达关系感知的两个题项在主成分 1 下有更高载荷，而表达效能感知的两个题项在主成分 2 下有更高载荷。这说明，四个题项的分布确实能够反映出关系和效能两个方面。故下面的分析将采用其因子得分作为关系预期和效能预期的指数（见表 4-50 至表 4-54）。

表 4-50　　　　　　　　　　公因子方差

	初始	提取
关系 1	1.000	0.920
关系 2	1.000	0.912
效能 1	1.000	0.845
效能 2	1.000	0.879

注：提取方法：主成分分析法。

表 4-51　　　　　　　　　　解释的总方差

成分	初始特征值			提取平方和载入			旋转平方和载入		
	合计	方差的百分比（%）	累计百分比（%）	合计	方差的百分比（%）	累计百分比（%）	合计	方差的百分比（%）	累计百分比（%）
1	2.460	61.495	61.495	2.460	61.495	61.495	1.870	46.762	46.762
2	1.096	27.403	88.898	1.096	27.403	88.898	1.685	42.136	88.898
3	0.296	7.401	96.299						
4	0.148	3.701	100.000						

注：提取方法：主成分分析法。

表 4-52　　　　　　　　　　成分矩阵[a]

	成分 1	成分 2
关系 1	0.851	-0.443
关系 2	0.801	-0.520
效能 1	0.808	0.438
效能 2	0.665	0.661

注：提取方法：主成分分析法。a. 已提取了 2 个成分。

表 4-53　　　　　　　　　　旋转成分矩阵[a]

	成分 1	成分 2
关系 1	0.932	0.226
关系 2	0.946	0.134
效能 1	0.321	0.861
效能 2	0.066	0.935

注：提取方法：主成分分析法。

旋转法：具有 Kaiser 标准化的正交旋转法。

a. 旋转在 3 次迭代后收敛。

表 4-54　　　　　　　　　　成分转换矩阵

成分	1	2
1	0.754	0.657
2	-0.657	0.754

注：提取方法：主成分分析法。

旋转法：具有 Kaiser 标准化的正交旋转法。

将两个指数分别作为因变量，将品牌排斥和性别作为自变量进行多变量方差分析，结果显示，性别的调节作用在关系预期指数 [$F(1, 101) = 6.23$, $p = 0.014$] 和效能预期指数 [$F(1, 101) = 4.77$, $p = 0.031$] 上均为显著。具体简单效应分析显示，品牌排斥显著降低了女性被试的关系预期 [$M_{排斥} = -0.72$, $M_{接纳} = 0.36$; $F(1, 101) = 19.05$, $p < 0.001$]，但对男性被试的关系预期没有显著影响 [$M_{排斥} = 0.10$, $M_{接纳} = 0.28$; $F(1, 101) = 0.47$, $p = 0.497$]；品牌排斥对男性被试的效能预期起到了边际显著的提升作用 [$M_{排斥} = 0.31$, $M_{接纳} = -0.17$; $F(1, 101) = 2.90$, $p = 0.092$]，但对女性被试的效能预期则没有显著影响 [$M_{排斥} = -0.26$, $M_{接纳} = 0.11$; $F(1, 101) = 1.87$, $p = 0.174$]。具体如表 4-55 至表 4-58 所示。

表 4-55　　　　　　　　　　　主体间因子

		样本数
社会排斥	排斥	52
	接纳	53
性别	排斥	49
	接纳	56

表 4-56　　　　　　　　　　　多变量检验[b]

效应		t 值	F 值	假设自由度	误差自由度	p 值
截距	Pillai 的跟踪	0.000	0.001[a]	2.000	100.000	0.999
	Wilks 的 Lambda	1.000	0.001[a]	2.000	100.000	0.999
	Hotelling 的跟踪	0.000	0.001[a]	2.000	100.000	0.999
	Roy 的最大根	0.000	0.001[a]	2.000	100.000	0.999
社会排斥	Pillai 的跟踪	0.110	6.196[a]	2.000	100.000	0.003
	Wilks 的 Lambda	0.890	6.196[a]	2.000	100.000	0.003
	Hotelling 的跟踪	0.124	6.196[a]	2.000	100.000	0.003
	Roy 的最大根	0.124	6.196[a]	2.000	100.000	0.003
性别	Pillai 的跟踪	0.049	2.559[a]	2.000	100.000	0.082
	Wilks 的 Lambda	0.951	2.559[a]	2.000	100.000	0.082
	Hotelling 的跟踪	0.051	2.559[a]	2.000	100.000	0.082
	Roy 的最大根	0.051	2.559[a]	2.000	100.000	0.082
社会排斥 × 性别	Pillai 的跟踪	0.104	5.807[a]	2.000	100.000	0.004
	Wilks 的 Lambda	0.896	5.807[a]	2.000	100.000	0.004
	Hotelling 的跟踪	0.116	5.807[a]	2.000	100.000	0.004
	Roy 的最大根	0.116	5.807[a]	2.000	100.000	0.004

注：a. 精确统计量；b. 设计：截距 + 排斥 + 性别 + 排斥 × 性别。

表 4-57　　　　　　　　　　　主体间效应的检验

变量	因变量	III 型平方和	自由度	均方	F 值	p 值
校正模型	关系预期	19.895[a]	3	6.632	7.964	0.000
	效能预期	5.231[b]	3	1.744	1.783	0.155

续表

变量	因变量	III型平方和	自由度	均方	F值	p值
截距	关系预期	0.001	1	0.001	0.001	0.973
	效能预期	7.984E−5	1	7.984E−5	0.000	0.993
社会排斥	关系预期	10.420	1	10.420	12.513	0.001
	效能预期	0.081	1	0.081	0.082	0.775
性别	关系预期	3.640	1	3.640	4.371	0.039
	效能预期	0.563	1	0.563	0.576	0.450
社会排斥×性别	关系预期	5.186	1	5.186	6.228	0.014
	效能预期	4.660	1	4.660	4.765	0.031
误差	关系预期	84.105	101	0.833		
	效能预期	98.769	101	0.978		
总计	关系预期	104.000	105			
	效能预期	104.000	105			
校正的总计	关系预期	104.000	104			
	效能预期	104.000	104			

注：a. $R^2=0.191$（调整的 $R^2=0.167$）；b. $R^2=0.050$（调整的 $R^2=0.022$）。

表 4−58　　　　　　　　　交互作用均值估算

因变量	社会排斥	性别	均值	标准差	95%置信区间 下限	95%置信区间 上限
关系预期	排斥	男	0.097	0.183	−0.265	0.459
		女	−0.722	0.176	−1.071	−0.374
	接纳	男	0.283	0.186	−0.087	0.652
		女	0.355	0.169	0.019	0.691
效能预期	排斥	男	0.312	0.198	−0.081	0.704
		女	−0.258	0.190	−0.635	0.120
	接纳	男	−0.166	0.202	−0.567	0.234
		女	0.109	0.184	−0.255	0.473

根据上述数据绘制交互作用效果，如图 4−9 和图 4−10 所示。由图可见，品牌的排斥确实对男性和女性有不同的影响。女性对关

系威胁更为敏感，故而遭遇品牌排斥后其对与品牌后续关系的预期变得更为悲观，但在效能感知方面没有显著变化。而男性对于效能威胁更为敏感，遭遇品牌排斥后更想要品牌认同自己的效能价值，但在关系感知方面则没有太大变化。

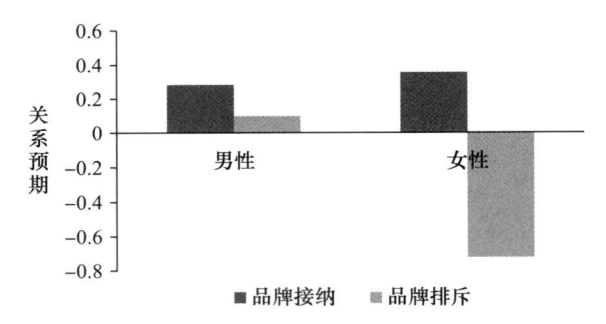

图 4－9　品牌排斥对男女关系预期的影响（实验八）

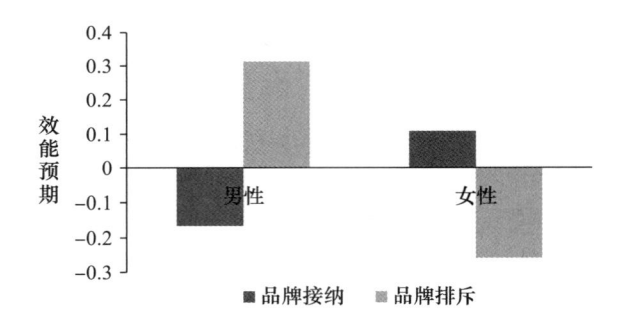

图 4－10　品牌排斥对男女效能预期的影响（实验八）

该数据结果显示出，对于普通消费者来说，品牌排斥可以造成与社会排斥类似的结果。品牌排斥同样给男性带来了更多效能威胁，给女性带来了更多关系威胁。但品牌排斥的特殊之处在于，品牌既是排斥源，又是消费者后续消费行为的对象。这种情况下，研究遭遇品牌排斥后的消费者如何看待品牌以及如何进行后续行为反应将具备更多理论意义和现实意义。

以上结果显示，品牌排斥会降低女性被试的关系预期，让她们更不愿意与品牌建立联系，但却会提升男性被试的效能预期，让他们更希望得到品牌的认可和尊重。这个前测实验并不严谨，但其结果也为品牌排斥效果提供了一些有用信息，男性和女性不同的品牌排斥解读方式与本书的理论是基本相符的。

二　实验九：品牌排斥×性别交互作用对品牌互动意愿的影响

本实验旨在探测男性和女性被试是否会对品牌排斥有不同的反应。根据前文的理论，品牌排斥从关系角度来看将会给品牌带来负面影响，但从效能角度来看却可以一定程度上减弱该负面影响，故而与男性被试相比，遭遇品牌排斥的女性被试应更不愿意与品牌进行未来互动。

（一）实验被试

本实验以线上调查方式进行，通过调查网站的被试库招募被试。共有 106 名被试参加了本实验，其中，男性 51 名，女性 55 名，年龄为 19—52 岁（均值 M = 32.4，标准差 SD = 7.51）。

（二）实验设计

实验同样提供一个情景问卷，要求被试想象自己处于特定情景中并回答问题。

被试会读到一个关于品牌俱乐部申请的情景，想象自己报名加入某一自己熟悉的 A 品牌的官方俱乐部，成为俱乐部会员将获得更多与品牌和其他会员交流的机会，详见附录中的 C2。男女被试被随机分配到品牌排斥组和品牌接纳组，在排斥组，被试会读到"俱乐部通知很遗憾您没能成为 A 品牌官方俱乐部的会员"，在接纳组，被试会读到"俱乐部通知您已经成功成为 A 品牌官方俱乐部的会员"。情景描述结束后，被试需要回答情绪和操控检验问题。而后，被试需要在 7 分李克特量表上选择自己有多大可能"以后继续购买 A 品牌的产品"和"以后经常关注与该俱乐部相关的信息"。人口统计学问题在最后出现。

（三）数据分析和结果

在 2（品牌排斥/品牌接纳）×2（男/女）的组间实验设计中，

每组的样本数为 24—30 人不等。操控检验结果显著 [t(104) = 7.92, p<0.001],遭遇品牌排斥后被试汇报的感知被排斥程度 4.35 确实高于品牌接纳组的 3.00。结果证明,本操控方法是成功的(见表 4-59 和表 4-60)。

表 4-59　　　　　　　　　　　组统计量

品牌排斥		样本数	均值	标准差	均值标准差
感知排斥	排斥	54	4.35	0.705	0.096
	接纳	52	3.00	1.029	0.143

表 4-60　　　　　　　　　　　独立样本检验

		方差方程的 Levene 检验		均值方程的 t 检验					差分的 95% 置信区间	
		F 值	p 值	t 值	自由度	p 值(双侧)	均值标准差	标准差	下限	上限
感知排斥	假设方差相等	2.034	0.157	7.918	104	0.000	1.352	0.171	1.013	1.690
	假设方差不相等			7.863	89.832	0.000	1.352	0.172	1.010	1.693

以品牌排斥和性别作为自变量,两个品牌互动问题为因变量进行多变量方差分析。结果显示,在两个题项上品牌排斥均有显著的负向作用 [F(1, 102) = 9.69, p = 0.002;F(1, 102) = 17.24,p<0.001],且性别的调节作用均显著。具体来看,在未来购买题项上排斥×性别交互作用显著 [F(1, 102) = 5.17, p = 0.025],品牌排斥显著降低了女性的未来购买意愿 [$M_{排斥}$ = 4.92, $M_{接纳}$ = 5.90;F(1, 102) = 15.40, p<0.001],但对男性没有显著影响 [$M_{排斥}$ = 5.22, $M_{接纳}$ = 5.38;F(1, 102) = 0.37, p = 0.543]。与之

类似，在未来关注题项上排斥×性别交互作用显著 [$F(1, 102) = 4.75$, $p = 0.032$]，品牌排斥显著降低了女性的未来关注意愿 [$M_{排斥} = 4.76$, $M_{接纳} = 6.20$; $F(1, 102) = 21.70$, $p < 0.001$]，但对男性没有显著影响 [$M_{排斥} = 4.93$, $M_{接纳} = 5.38$; $F(1, 102) = 2.06$, $p = 0.154$]。其效应示意如表4-61至表4-64所示。

表4-61　　　　　　　　　　　主体间因子

		样本数
品牌排斥	排斥	54
	接纳	52
性别	男	51
	女	55

表4-62　　　　　　　　　　　多变量检验[b]

	效应	t 值	F 值	假设自由度	误差自由度	p 值
截距	Pillai 的跟踪	0.973	1811.828[a]	2.000	101.000	0.000
	Wilks 的 Lambda	0.027	1811.828[a]	2.000	101.000	0.000
	Hotelling 的跟踪	35.878	1811.828[a]	2.000	101.000	0.000
	Roy 的最大根	35.878	1811.828[a]	2.000	101.000	0.000
品牌排斥	Pillai 的跟踪	0.149	8.819[a]	2.000	101.000	0.000
	Wilks 的 Lambda	0.851	8.819[a]	2.000	101.000	0.000
	Hotelling 的跟踪	0.175	8.819[a]	2.000	101.000	0.000
	Roy 的最大根	0.175	8.819[a]	2.000	101.000	0.000
性别	Pillai 的跟踪	0.021	1.094[a]	2.000	101.000	0.339
	Wilks 的 Lambda	0.979	1.094[a]	2.000	101.000	0.339
	Hotelling 的跟踪	0.022	1.094[a]	2.000	101.000	0.339
	Roy 的最大根	0.022	1.094[a]	2.000	101.000	0.339
品牌排斥×性别	Pillai 的跟踪	0.057	3.062[a]	2.000	101.000	0.051
	Wilks 的 Lambda	0.943	3.062[a]	2.000	101.000	0.051
	Hotelling 的跟踪	0.061	3.062[a]	2.000	101.000	0.051
	Roy 的最大根	0.061	3.062[a]	2.000	101.000	0.051

注：a. 精确统计量；b. 设计：截距+品牌排斥+性别+品牌排斥×性别。

表 4-63　　　　　　　　　　主体间效应的检验

变量	因变量	Ⅲ型平方和	自由度	均方	F 值	p 值
校正模型	继续购买	14.074[a]	3	4.691	5.387	0.002
	继续关注	35.248[b]	3	11.749	8.632	0.000
截距	继续购买	3017.011	1	3017.011	3464.250	0.000
	继续关注	2973.137	1	2973.137	2184.290	0.000
品牌排斥	继续购买	8.440	1	8.440	9.691	0.002
	继续关注	23.472	1	23.472	17.244	0.000
性别	继续购买	0.326	1	0.326	0.375	0.542
	继续关注	2.857	1	2.857	2.099	0.150
品牌排斥×性别	继续购买	4.501	1	4.501	5.168	0.025
	继续关注	6.459	1	6.459	4.745	0.032
误差	继续购买	88.832	102	0.871		
	继续关注	138.837	102	1.361		
总计	继续购买	3168.000	106			
	继续关注	3207.000	106			
校正的总计	继续购买	102.906	105			
	继续关注	174.085	105			

注：a. $R^2 = 0.137$（调整的 $R^2 = 0.111$）；b. $R^2 = 0.202$（调整的 $R^2 = 0.179$）。

表 4-64　　　　　　　　　　交互作用均值估算

因变量	品牌排斥	性别	均值	标准误差	95% 置信区间	
					下限	上限
继续购买	排斥	男	5.375	0.190	4.997	5.753
		女	5.900	0.170	5.562	6.238
	接纳	男	5.222	0.180	4.866	5.578
		女	4.920	0.187	4.550	5.290
继续关注	排斥	男	5.375	0.238	4.903	5.847
		女	6.200	0.213	5.778	6.622
	接纳	男	4.926	0.225	4.481	5.371
		女	4.760	0.233	4.297	5.223

根据上述数据绘制交互作用效果图，如图 4 – 11 和图 4 – 12 所示。由图可见，品牌排斥让女性对品牌产生了更多的负面反应，使她们更不愿意继续购买该品牌的产品，也更不愿意关注品牌的动态与信息。但对男性来说，品牌的排斥并没有对其造成显著影响，这是一个很有趣的发现。根据以往研究的结论，遭遇排斥后个体往往会对排斥源产生更负面的印象，进而对排斥源产生更多的攻击和惩罚倾向。但在品牌排斥的环境中，男性反而并没有对排斥自己的品牌产生负面行为。

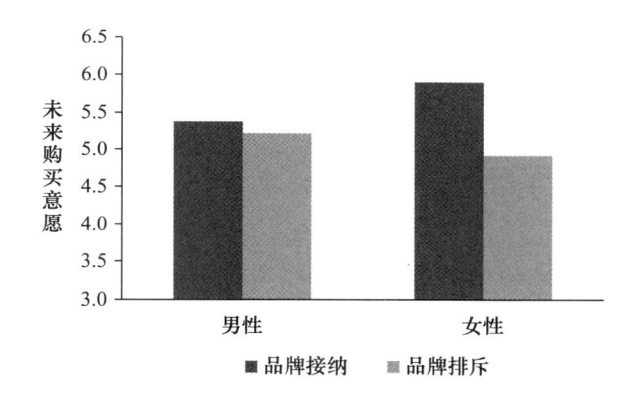

图 4 – 11　品牌排斥对男女未来购买意愿的影响（实验九）

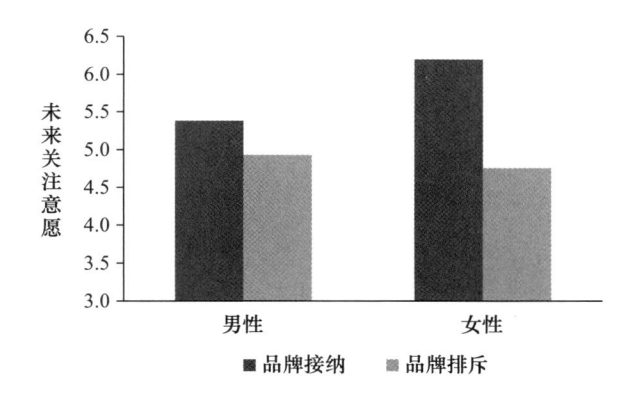

图 4 – 12　品牌排斥对男女未来关注意愿的影响（实验九）

在控制情绪变量后,品牌排斥和性别的交互作用依旧显著,但方向发生变化,女性的未来交互意愿依旧是下降的趋势,但男性的未来交互意愿出现上升趋势。数据结果显示,相对于男性被试,女性被试对排斥自己的品牌有更为显著的负面反应,为假设 3-10 提供了支持。下一个实验将尝试解释男性被试对排斥品牌的宽容性的反应。

三 实验十:品牌排斥×性别交互作用中品牌评价的中介作用

本实验旨在探测男性和女性被试对品牌排斥的不同反应是否可以被品牌评价所解释。根据前文的理论,女性会从关系角度出发看待品牌排斥,进而对品牌做出负面评价;而男性则更容易从效能角度出发看待品牌排斥,进而对品牌做出正面评价。不同的评价方式将导致男性和女性对品牌产生不同的后续反应。

(一)实验被试

本实验以线上调查方式进行,通过调查网站的被试库招募被试。共有 116 名被试参加了本实验,其中,男性 53 名,女性 63 名,年龄分布在 19—58 岁(均值 $M = 31.0$,标准差 $SD = 8.12$)。

(二)实验设计

实验通过基于情景想象的问卷实现,问卷情景内容与实验八的信用卡申请情景基本相同,不过,为了去除消费者对实际品牌持有的固有品牌态度,此实验用"A 银行"替代了"招商银行"。被试将被随机分配到排斥组和接纳组。

情景阅读完毕后,被试将回答一系列问题。首先是情绪和操控检验问题;之后是三个品牌评价问题,被试需要在 5 分李克特量表上回答对于三句话的认同程度,这三句话分别为"我认为该银行的信用审核标准很高""我认为该银行很重视信用""我认为该银行会提供高质量的产品";然后是对两个品牌互动意愿描述的同意程度,两个描述分别为"我愿意未来继续与该银行打交道"和"我愿意把该银行推荐给他人"。最后为人口统计问题。

(三)数据分析和结果

在 2(品牌排斥/品牌接纳)×2(男/女)的组间实验设计中,

每组的样本数为 26—32 人不等。操控检验结果显著 [$t(114) = 16.77$,$p<0.001$],排斥组感受到的被接纳程度 1.9 显著低于接纳组的 4.21,证明本操控方法是成功的(见表 4-65 至表 4-66)。

表 4-65 组统计量

品牌排斥		样本数	均值	标准差	均值标准差
感知接纳	排斥	59	1.90	0.781	0.102
	接纳	57	4.21	0.700	0.093

表 4-66 独立样本检验

		方差方程的 Levene 检验		均值方程的 t 检验					差分的 95% 置信区间	
		F 值	p 值	t 值	自由度	p 值(双侧)	均值标准差	标准差	下限	上限
感知接纳	假设方差相等	0.567	0.453	-16.766	114	0.000	-2.312	0.138	-2.585	-2.039
	假设方差不相等			-16.797	113.379	0.000	-2.312	0.138	-2.585	-2.040

以品牌排斥和性别作为自变量,两个品牌互动问题为因变量分别进行方差分析。结果显示,品牌排斥×性别交互作用在未来互动意愿上边际显著 [$F(1, 112) = 3.38$,$p = 0.069$],具体来看,品牌排斥降低了女性对品牌的未来互动意愿 [$M_{排斥} = 3.19$,$M_{接纳} = 3.74$;$F(1, 112) = 3.41$,$p = 0.067$],但没有影响到男性 [$M_{排斥} = 3.33$,$M_{接纳} = 3.08$;$F(1, 112) = 0.60$,$p = 0.441$]。在未来推荐意愿上,排斥—性别出现了相似的趋势但没有达成显著条件 [$F(1, 112) = 2.49$,$p = 0.117$],具体来看,品牌排斥同样降低了女性被试的推荐意愿 [$M_{排斥} = 3.38$,$M_{接纳} = 4.23$;$F(1, 112) = 12.79$, p=0.001］，但对男性没有显著影响［$M_{排斥}=3.67$，$M_{接纳}=3.96$；$F(1,112)=1.29$，$p=0.259$］。该结果支持了假设3-2。其效应示意如表4-67至表4-70所示。

表4-67　　　　　　　　　　主体间因子

		样本数
品牌排斥	排斥	59
	接纳	57
性别	排斥	53
	接纳	63

表4-68　　　　　　　　　　多变量检验[b]

	效应	t值	F值	假设自由度	误差自由度	p值
截距	Pillai 的跟踪	0.949	1041.949[a]	2.000	111.000	0.000
	Wilks 的 Lambda	0.051	1041.949[a]	2.000	111.000	0.000
	Hotelling 的跟踪	18.774	1041.949[a]	2.000	111.000	0.000
	Roy 的最大根	18.774	1041.949[a]	2.000	111.000	0.000
品牌排斥	Pillai 的跟踪	0.089	5.413[a]	2.000	111.000	0.006
	Wilks 的 Lambda	0.911	5.413[a]	2.000	111.000	0.006
	Hotelling 的跟踪	0.098	5.413[a]	2.000	111.000	0.006
	Roy 的最大根	0.098	5.413[a]	2.000	111.000	0.006
性别	Pillai 的跟踪	0.015	0.841[a]	2.000	111.000	0.434
	Wilks 的 Lambda	0.985	0.841[a]	2.000	111.000	0.434
	Hotelling 的跟踪	0.015	0.841[a]	2.000	111.000	0.434
	Roy 的最大根	0.015	0.841[a]	2.000	111.000	0.434
品牌排斥×性别	Pillai 的跟踪	0.037	2.135[a]	2.000	111.000	0.123
	Wilks 的 Lambda	0.963	2.135[a]	2.000	111.000	0.123
	Hotelling 的跟踪	0.038	2.135[a]	2.000	111.000	0.123
	Roy 的最大根	0.038	2.135[a]	2.000	111.000	0.123

注：a. 精确统计量；b. 设计：截距+品牌排斥+性别+品牌排斥×性别。

表 4-69　　　　　　　　　　主体间效应的检验

变量	因变量	Ⅲ型平方和	自由度	均方	F 值	p 值
校正模型	未来互动	7.550[a]	3	2.517	1.799	0.151
	推荐意愿	12.559[b]	3	4.186	4.694	0.004
截距	未来互动	1280.136	1	1280.136	915.220	0.000
	推荐意愿	1668.430	1	1668.430	1870.869	0.000
品牌排斥	未来互动	0.639	1	0.639	0.457	0.501
	推荐意愿	9.443	1	9.443	10.588	0.002
性别	未来互动	1.939	1	1.939	1.386	0.242
	推荐意愿	0.005	1	0.005	0.006	0.938
品牌排斥×性别	未来互动	4.730	1	4.730	3.382	0.069
	推荐意愿	2.223	1	2.223	2.493	0.117
误差	未来互动	156.657	112	1.399		
	推荐意愿	99.881	112	0.892		
总计	未来互动	1462.000	116			
	推荐意愿	1789.000	116			
校正的总计	未来互动	164.207	115			
	推荐意愿	112.440	115			

注：a. $R^2 = 0.046$（调整的 $R^2 = 0.020$）；b. $R^2 = 0.112$（调整的 $R^2 = 0.088$）。

表 4-70　　　　　　　　　　交互作用均值估算

因变量	性别	均值	标准差	95% 置信区间	
				下限	上限
未来互动	男	3.205	0.162	2.883	3.527
	女	3.465	0.149	3.169	3.760
推荐意愿	男	3.814	0.130	3.557	4.071
	女	3.800	0.119	3.565	4.036

根据上述数据绘制交互作用效果图，如图 4-13 和图 4-14 所示。本实验展示出的品牌排斥×性别交互效果与之前实验是相类似的。对于女性来说，品牌的排斥让她们更不愿意与品牌产生后续联

系，也更不愿意把品牌推荐给他人。而对于男性来说，品牌排斥并没有带来显著变化。根据前文的预测，这是因为，女性更容易从关系角度考虑问题，被品牌排斥后更容易感知到品牌的不友好，进而倾向于远离品牌以避免后续排斥可能。而男性更容易从效能角度考虑问题，遭受品牌排斥后反而容易感知到自己的效能缺失，在这种情况下，他们反而更容易认可品牌的高水平高要求，进而在解释排斥现象的同时保护自己的自尊。

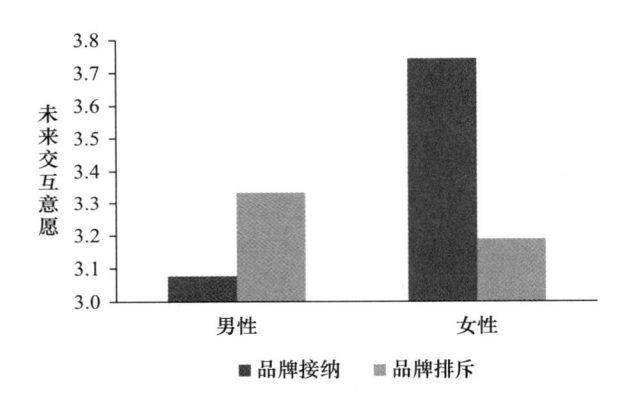

图 4-13 品牌排斥对男女未来交互意愿的影响（实验十）

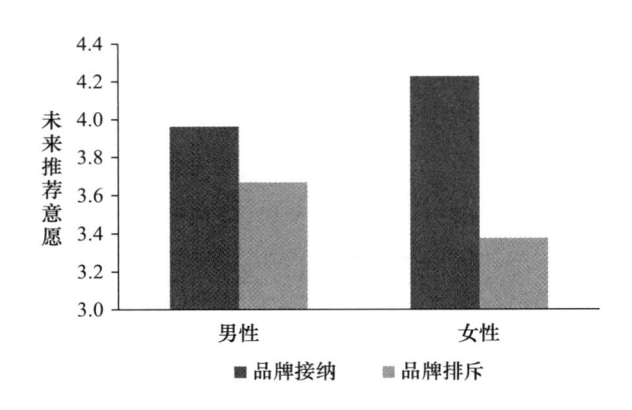

图 4-14 品牌排斥对男女未来推荐意愿的影响（实验十）

为了验证品牌评价的中介作用，首先对于品牌互动意愿进行传统三步法检测。品牌排斥×性别交互作用在未来互动意愿上边际显著［F(1, 112) = 3.38，p = 0.069］。把方差分析的因变量换做品牌评价，数据分析发现品牌排斥×性别的交互效应在品牌评价上同样边际显著［F(1, 112) = 3.62，p = 0.060］。具体来看，品牌排斥提高了男性被试的品牌评价［$M_{排斥}$ = 4.12，$M_{接纳}$ = 3.78；F(1, 112) = 2.94，p = 0.089］，对于女性却有负向的影响趋势［$M_{排斥}$ = 3.77，$M_{接纳}$ = 3.95；F(1, 112) = 2.94，p = 0.089］。即品牌排斥让男性更认可品牌的高水平高标准，但却对女性的品牌认可度有负面效应。

表 4-71　　　　　　　　　　主体间效应的检验

因变量：品牌评价

变量	Ⅲ型平方和	自由度	均方	F 值	p 值
校正模型	2.309[a]	3	0.770	1.450	0.232
截距	1755.779	1	1755.779	3306.543	0.000
品牌排斥	0.198	1	0.198	0.373	0.542
性别	0.255	1	0.255	0.481	0.489
品牌排斥×性别	1.921	1	1.921	3.618	0.060
误差	59.472	112	0.531		
总计	1828.222	116			
校正的总计	61.782	115			

注：a. R^2 = 0.037（调整的 R^2 = 0.012）。

表 4-72　　　　　　　　　　交互作用均值估算

因变量：品牌评价

品牌排斥	性别	均值	标准差	95% 置信区间	
				下限	上限
排斥	男	4.123	0.140	3.846	4.401
	女	3.771	0.129	3.516	4.026
接纳	男	3.782	0.143	3.499	4.065
	女	3.946	0.131	3.687	4.206

根据上述数据绘制中介变量作为因变量的交互效果图，如图4-15所示。由图4-15可知，对女性来说，品牌排斥产生了更负面的品牌评价，这是典型的对排斥源的攻击反应。遭遇排斥后女性对排斥源持有负面的印象和态度，进而产生远离的行为趋向，也不再预期产生后续行为接触。

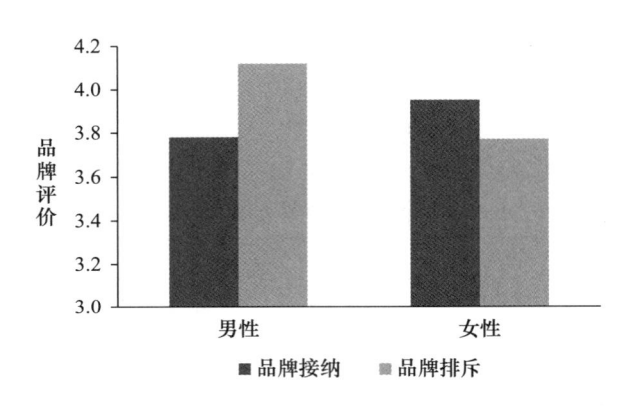

图4-15 品牌排斥对男女品牌评价的影响（实验十）

但男性遭遇品牌的排斥后反而会给品牌更高的评价，认为品牌会提供更好的产品且拥有更高的标准。这在一定程度上反映了男性的效能感知，从效能角度考虑，男性通过品牌排斥感受到了个人效能感的缺失，会认为自己的效能不足以匹配品牌的效能，这会反过来增加其对品牌的效能感知。除这种认知对比之外，通过夸大品牌评价，被排斥个体也更能保护自己的自尊，即认为这是由于品牌价值和要求过高而造成的不匹配，而并非是个人效能过低造成的不匹配。根据实验八的结果，男性个体被品牌排斥后会更愿意得到品牌的认可和尊重，其前提也应包括其对于品牌的认可，否则获得品牌的后续尊重与认可将毫无意义。对品牌的评价将可以区分出男性和女性面临品牌排斥时的不同感知方式，进而预测其后续行为。

为了完成中介效应的检测，把品牌评价加入原有模型，即以品牌排斥和性别为固定因子，品牌评价为协变量，行为反应为因变量进行方差分析。结果显示，品牌排斥×性别交互作用将不再显著[$F(1, 111) = 1.11$, $p = 0.294$]，而品牌评价的效果依然显著[$F(1, 111) = 30.72$, $p < 0.001$]。这说明品牌排斥和性别的交互作用可以完全被品牌评价所解释，即男性和女性在遭遇品牌排斥后产生的不同的未来互动意愿完全取决于其对于品牌的评价。三步中介检验结果支持了假设3-11，为前文的理论与假设提供了有效支持（见表4-73和表4-74）。

表4-73　　　　　　　　　　主体间因子

		样本数
品牌排斥	排斥	59
	接纳	57
性别	排斥	53
	接纳	63

表4-74　　　　　　　　　　主体间效应的检验

因变量：未来互动

变量	Ⅲ型平方和	自由度	均方	F值	p值
校正模型	41.504[a]	4	10.376	9.386	0.000
截距	0.556	1	0.556	0.503	0.480
品牌评价	33.953	1	33.953	30.715	0.000
品牌排斥	1.286	1	1.286	1.163	0.283
性别	3.135	1	3.135	2.836	0.095
品牌排斥×性别	1.231	1	1.231	1.114	0.294
误差	122.703	111	1.105		
总计	1462.000	116			
校正的总计	164.207	115			

注：a. $R^2 = 0.253$（调整的$R^2 = 0.226$）。

采用 PROCESS 中的调节中介模型进行检测，Bootstrap 选择 1000，结果显示，不同性别情况下，自变量对因变量的直接效应均不显著（男性 t = 0.29，p = 0.996；女性 t = 1.59，p = 0.116）。但在男性被试中自变量的间接效应指数为 -0.26，90% 置信区间为 [-0.48，0]，也即间接效应边际显著；在女性被试中，自变量的间接效应指数为 0.13，90% 置信区间为 [-0.10，0.38]，并不显著。这说明品牌评价的中介作用主要体现在男性身上，男性遭遇品牌排斥后对品牌的评价提升中和了排斥本身的负面效果，进而提升了其后续的品牌互动意愿。对于女性来说，品牌评价没能显著预测其后续行为，这应该与女性主要感受到的是关系需求威胁有关，品牌评价主要体现了对品牌的效能感知，不足以解释女性的关系保护动机。以上结果支持了前文的假设。具体数据见附录十一。

品牌排斥×性别的交互作用在未来推荐意愿上的影响并没有达到显著，不符合三步法的检测前提，但 Preacher、Rucker 和 Hayes (2007) 的调解中介检测方法并不需要这一前提，依旧可以测量间接效应。方法同上，进行检测，结果显示，在女性被试中，自变量对因变量存在显著直接效应（t = 3.61，p = 0.001），但不存在间接效应，间接效应指数为 0.12，90% 置信区间为 [-0.10，0.33]。不过在男性被试中，自变量对因变量存在直接效应（t = 2.42，p = 0.017），且存在边际显著的间接效应，间接效应指数为 -0.24，90% 置信区间为 [-0.44，-0.01]。故而在男性被试中，品牌排斥通过品牌评价为中介对品牌推荐意愿产生了影响，但对于女性被试来说，品牌评价不存在显著中介作用。该效果与品牌互动意愿结果是相吻合的。具体数据见附录十一。

第五章 结论和讨论

第一节 结论

男性和女性生而不同，这种不同也会体现在他们对于社会经历的理解和反应上。本书探索了社会排斥影响中性别的调节作用，通过结合需求—威胁模型和能动性—社交性目标理论，本书提出男性和女性在面临社会排斥时感知到的主要威胁是不同的，因此会产生不同的认知和行为反应。通过十个实验，本书主要回答了三个问题：（1）性别能否以及如何调节社会排斥的影响？（2）不同性别的个体如何通过消费行为应对社会排斥？（3）不同性别的个体对品牌排斥的反应如何？

本书用四个实验证实了基本社会排斥×性别交互作用的存在并探测了其内在的威胁差异机制。实验采取自我关注程度为因变量，反映不同的社会排斥威胁。实验结果发现，社会排斥会增强男性的自我关注程度，却会降低女性的自我关注程度。权力感操控是对个体效能感的肯定，可以预防社会排斥对男性的影响，而独立自我建构操控则可以降低关系需求，进而减弱社会排斥对女性的影响。实验结果对本书研究的基本理论提供了支持，即男性会在社会排斥中感受到更多的效能威胁，而女性会感受到更多的关系威胁。

本书探索了社会排斥×性别交互作用对个体消费行为的影响。社会排斥会给男性带来更多效能威胁，鼓励他们进行效能感补偿；

但对于女性来说社会排斥带来的主要是关系威胁，会鼓励她们重建社会联系。本书采取了金钱作为效能补偿工具，关注作为关系补偿工具进行研究。实验结果发现社会排斥会提升男性对于高薪工作的偏好，提升女性对于显性产品的偏好和对美丽产品的支付意愿，自我关注程度可以中介上述效应。

本书将人际交互中的社会排斥拓展到了人与品牌的互动中的品牌排斥。被品牌排斥时，女性从关系角度出发，预期未来不会与品牌存在正向积极的互动；男性则从效能角度出发，对品牌的评价提升，希望能够得到品牌的认可和尊重。实验结果发现，品牌排斥降低了女性被试对于品牌的未来交互意愿，但对男性被试没有显著影响，个体对品牌的评价将可以中介此效应。

第二节　后续实验

为了保持研究框架的整齐，本书选取了十个实验组成了正文部分。不过，结合专家学者的评阅意见，在此添加两个后续实验，希望能够解决一些正文部分没能回答的问题，进一步完善本书研究。

一　性别操控作用

本书正文部分采用的性别变量全部为个体固有的生理性别，而造成生理性别的不同反应的原因却可能是社会因素造成的。事实上，巴坎（1966）的性别目标理论也提出男女不同的基本目标来自社会化的过程。故而生理性别和社会化的心理性别本身应该是存在交叉的。在心理性别测量中，不同生理性别的个体在相应心理性别的测量中也往往更具备相应特质（Bem，1974；Spence and Helmreich，1978），而心理性别的表现也往往可以复制到相应生理性别中（Winterich，Mittal and Ross，2009）。本实验采取了心理性别的操控，检验性别操控是否可以起到与生理性别相同的作用，在此将对该实验进行简单介绍。

（一）实验被试

本实验以线上调查方式进行，通过调查网站的被试库招募被试。共有 240 名被试参加了本实验，去掉 30 个问题回答无意义的样本，得到 210 个有效样本用于后续分析。210 人中，有男性 102 位，女性 108 位，年龄分布在 17—61 岁（均值 M = 31.4，标准差 SD = 7.67）。

（二）实验设计

被试被告知实验由三部分独立调研构成，是针对个体认知状态的研究。

第一部分为性别操控的实施。该部分借鉴 Meier – Pesti 和 Penz（2008）以及 Ortner 和 Sieverding（2008）的研究。被试被随机分配到男性组和女性组，男性组的被试会看到一张中年男性图片，该男性穿着西装坐在办公桌前打电话；女性组的被试会看到一张中年女性图片，该女性在抱着孩子坐秋千。被试需要把自己想象成图片中的人物并回答 5 个问题，如"如果您是图片中的人，那您的最大爱好会是什么"以及"如果您是图片中的人，那您会怎样评价自己"等。

第二部分为社会排斥操控，该部分采用情景想象的方法，详见附录 A4。被试被随机分配到排斥组和接纳组。操控情景是关于新工作报到第一天的经历，排斥组的情景中新同事态度很冷漠疏远，而接纳组的情景中新同事态度很热情。被试在阅读情景后需想象自己处于该情景中，描述自己的感受及印象最深刻的场景，并在 5 分李克特量表上判断自己的被排斥感以及情绪。

第三部分为自我关注程度测量，被试需要完成与实验二相同的句子补充任务。人口统计学问题在最后出现。

（三）数据分析和结果

在 2（品牌排斥/品牌接纳）×2（男/女操控）×2（男/女）的组间实验设计中，每组的样本数为 24—29 人不等。操控检验结果显著（t(208) = 25.82，p < 0.001），被排斥组感知到的接纳水平 2.10 确实小于接纳组的 4.56，说明想象任务操控有效（见表 5-1 和表 5-2）。

表 5-1　　　　　　　　　　组统计量

社会排斥		样本数	均值	标准差	均值标准差
感知接纳	排斥	103	2.10	0.811	0.080
	接纳	107	4.56	0.552	0.053

表 5-2　　　　　　　　　　独立样本检验

		方差方程的 Levene 检验		均值方程的 t 检验						
		F 值	p 值	t 值	自由度	p 值（双侧）	均值标准差	标准差	差分的 95% 置信区间	
									下限	上限
感知接纳	假设方差相等	0.017	0.896	-25.820	208	0.000	-2.464	0.095	-2.652	-2.276
	假设方差不相等			-25.640	179.142	0.000	-2.464	0.096	-2.653	-2.274

以社会排斥、性别操控和生理性别作为自变量，情绪为协变量，自我关注程度为因变量进行协方差分析，结果显示，社会排斥 × 性别操控的交互作用边际显著 [F(1, 201) = 3.86, p = 0.051]，性别操控下自我关注的变化趋势与生理性别的作用（实验二）基本相同；但社会排斥 × 性别操控 × 生理性别的三项交叉效应并不显著 [F(1, 201) = 0.27, p = 0.603]，说明性别操控的作用对于男性和女性来说是没有显著差异的。即心理上的性别操控同样能够起到生理性别相似的作用（见表 5-3 至表 5-5）。

表 5-3 主体间因子

		样本数
社会排斥	排斥	103
	接纳	107
生理性别	男	102
	女	108
性别操控	男	105
	女	105

表 5-4 主体间效应的检验

因变量：自我关注

变量	III型平方和	自由度	均方	F值	p值
校正模型	9.975[a]	8	1.247	0.760	0.638
截距	61.572	1	61.572	37.554	0.000
情绪	0.583	1	0.583	0.356	0.552
社会排斥	0.305	1	0.305	0.186	0.667
生理性别	3.785E-5	1	3.785E-5	0.000	0.996
性别操控	0.071	1	0.071	0.043	0.836
社会排斥 × 生理性别	0.000	1	0.000	0.000	0.988
社会排斥 × 性别操控	6.327	1	6.327	3.859	0.051
生理性别 × 性别操控	0.518	1	0.518	0.316	0.575
社会排斥 × 生理性别 × 性别操控	0.444	1	0.444	0.271	0.603
误差	329.549	201	1.640		
总计	1140.000	210			
校正的总计	339.524	209			

注：a. $R^2 = 0.029$（调整的 $R^2 = -0.009$）。

表 5-5　　　　　　　　交互作用均值估算

因变量：自我关注

社会排斥	性别操控	均值	标准差	95% 置信区间	
				下限	上限
排斥	男	2.163^a	0.198	1.772	2.554
	女	1.852^a	0.198	1.461	2.242
接纳	男	1.709^a	0.189	1.337	2.081
	女	2.094^a	0.200	1.699	2.490

注：a. 模型中出现的协变量在下列值处进行评估：情绪 = 3.44。

二　外表社会功能性作用

实验七的结果显示，社会排斥可以促进女性对于美丽产品的支付意愿但对男性没有影响。本书的理论解释是社会排斥主要威胁了女性的关系需求，而外表吸引力是女性获取社会关系的有效途径。虽然女性社会排斥后自我关注程度的下降中介了该效应，可以在一定程度上支持该消费行为的出发点在于对他人的重视，但此实验本身并不能有效排除外表吸引力提升女性效能感知的可能性。由于外表对于女性来说相对重要，外表吸引力的提升也有可能对女性的自信带来积极影响。故本实验引入了外表的社会功能性操控，根据本书的理论，如果让人们认为外表并不能对个体的社会关系起到积极作用，那么女性对于美丽产品的支付意愿也不应因社会排斥而提升。

（一）实验被试

本实验通过在线调查方式进行，由某在线调查网站负责招收被试。共有 160 名被试参与了该实验，去掉不完整及无意义的样本，最终得到 147 份用于分析的有效样本。其中，男性 76 人，女性 71 人，年龄分布在 16—48 岁（均值 $M = 29.1$，标准差 $SD = 6.99$）。

（二）实验设计

整体实验分为四部分，第一部分为外表社会功能性操控，第二部分为排斥操控，第三部分为支付意愿测量，第四部分为个人信息。

第一部分的外表社会功能性操控要求被试阅读一段信息。外表功能性操控组的信息说明根据科学研究结果外表吸引力对于个体的人际关系并没有促进作用，而对照组的信息则说明根据科学研究结果性格温柔对于个体的人际关系并没有促进作用。而后被试被要求根据个人理解写出上述结果出现的原因。

第二部分的排斥操控为回忆任务操控。

第三部分支付意愿测量中，被试将看到一段对某"塑性塑体"项目的介绍，强调该项目的目标是打造更好的身材，详见附录F4。之后被试将填写他们认为该项目年卡合适的售价为多少元。

第四部分被试将提供其性别、年龄及月可支配收入信息。

（三）数据分析和结果

在2（外表功能性操控/性格功能性操控）×2（排斥/接纳）×2（男/女）的组间设计中，每组样本量在15—21之间。

以消费券支付意愿为因变量，排斥和性别为自变量，收入为协变量对数据进行协方差分析。结果显示，排斥、性别及外表社会功能性操控之间存在边际显著的交互作用 [$F(1, 138) = 3.3$, $p = 0.073$]，各变量主效应均未达到显著水平（所有 $p > 0.500$）。进一步的简单效应分析显示，对于性格社会功能削弱组，社会排斥和性别的交互作用依旧显著 [$F(1, 72) = 6.40$, $p = 0.014$]，社会排斥显著提高了女性被试的支付意愿 [$F(1, 72) = 6.16$, $p = 0.015$]，但对男性没有显著影响 [$F(1, 72) = 1.07$, $p = 0.304$]。对于外表社会功能削弱组，社会排斥和性别的交互作用不再显著 [$F(1, 65) = 0.01$, $p = 0.918$]。本实验结果说明，社会排斥对于女性美丽产品支付意愿的提升作用确实来源于外表的社会功能性认知（见表5-6至表5-8）。

表5-6　　主体间因子

		样本数
社会排斥	排斥	74
	接纳	73
性别	男	76
	女	71
外表社会功能性操控	有	70
	无	77

表5-7　　主体间效应的检验

因变量：支付意愿

变量	III型平方和	自由度	均方	F值	p值
校正模型	1.961E6	8	245156.983	0.982	0.453
截距	7.955E7	1	7.955E7	318.494	0.000
收入	89749.344	1	89749.344	0.359	0.550
社会排斥	103053.568	1	103053.568	0.413	0.522
性别	27509.519	1	27509.519	0.110	0.740
外表社会功能性操控	2307.641	1	2307.641	0.009	0.924
社会排斥×性别	684752.401	1	684752.401	2.742	0.100
社会排斥×外表社会功能性操控	203155.569	1	203155.569	0.813	0.369
性别×外表社会功能性操控	140673.083	1	140673.083	0.563	0.454
社会排斥×性别×外表社会功能性操控	815472.463	1	815472.463	3.265	0.073
误差	3.447E7	138	249772.251		
总计	6.198E8	147			
校正的总计	3.643E7	146			

注：a. $R^2 = 0.054$（调整的 $R^2 = -0.001$）。

表 5-8　　　　　　　　　交互效应均值估算

因变量：支付意愿

社会排斥	性别	外表社会功能性操控	均值	标准差	95%置信区间	
					下限	上限
排斥	男	有	2034.467[a]	111.756	1813.492	2255.443
		无	1904.518[a]	112.049	1682.964	2126.073
	女	有	1931.839[a]	118.067	1698.384	2165.294
		无	2227.460[a]	125.785	1978.745	2476.175
接纳	男	有	2043.235[a]	129.168	1787.831	2298.638
		无	2064.582[a]	109.074	1848.909	2280.255
	女	有	1965.896[a]	121.277	1726.095	2205.698
		无	1810.793[a]	111.967	1589.399	2032.187

注：a. 模型中出现的协变量在下列值处进行评估：收入 = 4.16。

第三节　研究贡献

以往的文献发现，社会排斥给女性带来的影响要远大于男性。与男性相比，女性对社会排斥有更大的情感反应（Blackhart, Nelson, Knowles and Baumeister, 2009）、认知反应（Parker et al., 2005）以及行为反应（Benenson et al., 2011; Williams and Sommer, 1997）。但这些发现并没能完全展示出性别在社会排斥中所起到的作用。本书的主要贡献在于展示出社会排斥对女性和男性均有所影响，但不同性别个体对于社会排斥的理解和反应方式却不相同：男性更倾向于从效能视角出发理解和对待排斥经历，女性则更倾向于从关系角度出发。研究结果说明了社会排斥对男性的独特影响，这一发现在现有研究中尚存在诸多空白。本书将为社会排斥领域文献提供重要补充，促进该领域对于社会排斥情景中的性别作用的全面和深入理解。

本书对于性别在社会排斥情景中的调节作用提供了一个完整的理论。已有研究通过理论推导的方式提出不同性别的个体会以不同的方式看待社会关系，比如，男性争取更大范围群体的认可，而女性追求亲密关系的支持（Baumeister and Sommer，1997）；男性维持独立性自我建构，而女性维持依存性自我建构（Cross and Madson，1997）。本书引入了基本能动性—社交性目标上的性别差异理论，从威胁差异的视角解读社会排斥影响中的性别差异，并通过多个实验从多个侧面加以验证。本书的研究结果从社会排斥领域对前人的理论提供了重要的实证支持，也与社会关系认知领域的已有研究相互呼应（Kwang，Crockett，Sanchez and Swann，2013）。此外，本书在自我关注程度、消费行为和品牌排斥等多方面的深入探索也为性别研究领域文献提供了有效补充。

本研究的结果同样可以丰富对于社会排斥的行为影响方面的文献。Duclos、Wan 和 Jiang（2013）曾说明，学界正在越来越多地关注社会排斥对个体行为决策，尤其是消费决策的影响。本书发现，社会排斥会鼓励男性对于金钱的追求和女性对于关注的追求。金钱能为个体提供控制感、信心及独立自主感等，是针对效能威胁的有效补充；而他人的关注则代表了兴趣、喜爱及未来交互可能性，提供了建立社会联系的期望和准备。寻求金钱或寻求关注都是面对社会排斥时的有效应对方式，但取决于个体究竟哪种需求受到更大威胁。本书提供的威胁视角将有助于后续的社会排斥研究。

本书的另外一个重要理论贡献在于对于品牌排斥现象的探讨和研究。以往营销文献对于社会排斥的研究主要集中于个体对于人际排斥的消费反应（e.g. Mead et al.，2011；Wan，Xu and Ding，2014），而本书则率先探讨了品牌引发的针对消费者的排斥。Ward 和 Dhal（2014）的研究显示，奢侈品牌的销售人员或代表对于消费者的排斥反而可以促进消费者对品牌的渴求。与之相呼应，本书发现，尽管来自品牌的排斥整体来说会降低消费者对于品牌的交互意愿，但该负向效应主要体现在女性消费者中。男性消费者反而会从效能角度出发，给予排斥自己的品牌更高的评价，进而抵御这种负面效应。本书的研究结果似乎一定程度上支持了已有研究的论断，即社会排斥会对女性造成更大影响。但本书中关于品牌排斥解读和品牌评价的发现进一步说明排斥经历对于男性和女性所带来的不同方式的影响。

理论贡献之外，本书的结论同样可以用于实践中。性别是一个极易分辨的显性变量，在对于社会排斥的处理问题上可以提供更多有价值的信息。根据我们的理论，男性在遭遇社会排斥后会更追求个人效能感的提升，需要对于自我能力和价值的肯定，对其补充控制感、权力感、能力感等将有助于减弱社会排斥的影响；其后续行为会更为关注自身，较少关注个体行为的社会化影响，可能出现更多的侵略性行为。对于女性来说，其关系需求会因社会排斥的威胁而变得更强，她们将更为追求和谐、亲密、稳定的社会联系，补充归属感或是减弱其关系依赖程度将有助于缓解社会排斥的影响；其后续行为会更加关注他人，更加注重别人对自己的看法以及个体行为的社会化影响，甚至可能为了他人的认可做出不理智行为。该理论可以拓展到心理健康层面，指导个体如何更为积极地面对社会排斥问题；拓展到政治治理层面，帮助政府设立更有效的公众政策，扶持少数群体，引导亲社会行为；拓展到组织行为层面，帮助领导者实行更有效的员工关怀，建立和谐组织氛围；拓展到营销层面，帮助商家更准确地了解顾客心理需求，提供更让消费者满意的产品和服务，或做出对自己更为有利的品牌顾客互动设计。在社会排斥受到越来越多的关注的背景下，我们的理论将可以应用在多个领域，为个体和社会的健康发展做出贡献。

第四节　研究局限和展望

本书意图通过多方面的探索完整地展示排斥和性别的交互作用，

但研究过程中依旧存在诸多局限，需要进行更多的努力。

在研究理论方面，本书提出社会排斥会给男性和女性带来不同威胁，但主要通过不同因变量和调节变量来侧面反映这种威胁差异，却没有通过直接测量的方式进行体现，后续研究可以尝试通过内隐联想等方式进行更为直接的检测。也有学者提出，男女天性中可能存在一些偏好差别，比如，男性对金钱的喜爱和女性对美丽产品的喜爱，社会排斥具有降低个体自我控制的作用（Baumeister et al.，2005），故而本书的结果也可能是因为社会排斥降低个体自控后使男女的天性表现更为明确，尽管研究发现的中介作用可以在一定程度上排除此解释，但更为严谨的检测方法将能提供更有力的解释。

本书通过实验八展示了男性和女性对于社会排斥的不同解读，却没有把这一结果继续体现在后续的实验中，在解释力度上有所欠缺。且本书对于品牌排斥作用的边界并未进行详细讨论，比如，如果品牌排斥的实现机制被认为是不公平的，那么本书中的效应就可能不会出现。后续研究可以在此方面进一步的探索。

本书研究的被试群的选取大多是依照便捷抽样的原则，可能会带来一些问题。比如，实验四由于男性被试人数过少而仅采用了女性被试的样本进行分析，后续研究需要补充男性被试数据。另外，整个研究的被试包括高中生、大学生以及网站被试库等多种来源。这种方式虽然一定程度上可以提升研究的外部效度，但被试来源的不一致可能遭到质疑。比如，个体生命周期中，上大学或结婚等都是个体发展的重要转折点，那么高中生、大学生和社会已婚人士是否具备可比性就成为一个需要考虑的问题。后续研究可能需要对不同来源的被试进行更为细致的分析。

本书的排斥操控方法略显单一。比如，本书主要采用的是回忆任务以及情景想象任务。根据杜建政和夏冰丽（2008）的总结，不同的排斥操控方法本身也有可能带来研究结果的变化。本书的后续进展中将尝试更多的排斥操控方式以增加研究效度。此外，本书主要采取的是实验室实验方式,而如今的学术研究正在越来越多地鼓励实地实验的方式,实地实验将有助于进一步验证本书结论。

在解决上述问题之外,未来研究可以进一步区分不同种类的社会排斥,挖掘社会排斥形式的作用。已有研究证实,不同种类的社会排斥也可能会造成个体不同的认知行为反应(Molden et al., 2009; Lee and Shrum, 2012)。未来研究也可以继续拓展社会排斥情景中的研究对象,比如,从被排斥者拓展到排斥者(Chen, Poon, Bernstein and Teng, 2014)。后续研究还可以探索更多的消费行为变量和消费情景中的排斥现象,对营销领域的排斥影响做出更深入的讨论。

附 录

一 社会排斥操控方法

A1 虚拟传球 Cyberball 程序导语

欢迎参与 Cyberball！

  这是一项练习心理可视化能力的互动型传接球游戏，我们想通过这个游戏研究心理可视化想象对任务绩效的作用。我们需要您首先练习一下心理可视化想象的能力，研究发现，最好的练习方法是和其他同时在线的参与者共同进行一项传抛球的小游戏。

  您即将与网络中的两位同学开始传抛球的游戏。游戏内容十分简单，当您接到球时，请点击您想要传球给他（或她）的那个参与者进行传球。游戏结束后，系统会有提示语。游戏中最关键的不是您的传球成绩，而是整个过程经历的心理可视化想象。请用心去想象其他游戏参与者的样子、他们的性格、你们玩传接球的场地、当时的天气等。请在您的心里构建一幅完整且真实的画面，想象您是在现实生活中进行传球的游戏。

  在进入下一界面之前，请确保搜狗浏览器上方地址栏右面的浏览模式显示高速而非兼容。请在游戏开始之后不要对界面进行包括上下滚轮在内的任何操作，只通过鼠标在接到传球后点击您想要传给的对象即可，等到显示游戏结束后，将界面拖到最下端点击 next 继续下面的问题。如果您准备好了，请点右下方的按钮开始游戏过程。

  其他参与者进入后，游戏即开始。在接到球后，您可以通过点击其他参与者的名称代号或图像将球传给他/她。游戏过程中，请保持注意力在游戏上,保持心理可视化想象,不要从事任何与实验无关的事情。请在显示游戏结束后点击右下角 next 按钮继续其他实验环节。

A2 回忆任务

A2.1 社会排斥操控

在人们的日常生活中,时常会有被他人排斥的经历。请仔细回忆一次您强烈感到被他人排斥的经历。这个经历可以是两个人之间的,比如,朋友没有邀请您参加其生日聚会,或者被一个群体排斥,比如,小组活动时一个小组拒绝您的加入。

请在下面横线上详细描述您经历过的印象最深刻的或者最近发生的被他人排斥的事件,在这一事情中发生了什么、您的感觉如何,等等。请尽可能详细地填写您的自身经历,越是详细的描述对我们帮助越大。十分感谢。

A2.2 社会接纳操控

在人们的日常生活中,时常会有被他人接纳的经历。请仔细回忆一次您强烈感到被他人接纳的经历。这个经历可以是两个人之间的,比如,他人愿意和您成为朋友,或者被一个群体接纳,比如,分组活动的时候一个小组主动邀请你加入。

请在下面横线上详细描述您经历过的最为印象深刻的或者最近发生的被他人接纳的事件,在这一事情中发生了什么、您的感觉如何,等等。请尽可能详细地填写您的自身经历,越是详细的描述对我们帮助越大。十分感谢。

A3 词语组句任务

A3.1 社会排斥的词语启动

为了解人对于不同语法、句式构成的反应速度,下面我们将提供几组英文词汇材料,每组包含四个单词,其中三个单词可以组成一个有意义的词组或者短句,第四个词则没有用处,请您在最短的时间内划掉该无意义词。比如,sing me with house,合适的组合为 sing with me,故应该划去 house。

由于此任务需要计时,在开始此任务前,请打开您的手机,首先记录下您开始此部分答题的时间,然后再开始答题,并在本部分回答完成后记录结束时间(精确到分钟即可)。

我的开始时间为_____:_____

asleep she the fell	from isolated on others
alone her the left	office call before the
our try on it	under swim desk the
me think they rejected	excluded an student cross
had he morning dinner	by run people ignored
lonely end with up	the along leaf river
your do best shoes	tree deny his existence
discrimination the sit receive	meet room me there
bones dogs love along	an outsider as away
right shining dark in	your refuse them participation

我的结束时间为_____:_____

A3.2　社会接纳的词语启动

为了解人对于不同语法、句式构成的反应速度,下面我们将提供几组英文词汇材料,每组包含四个单词,其中三个单词可以组成一个有意义的词组或者短句,第四个词则没有用处,请您在最短的时间内划掉该无意义词汇。比如,sing me with house,合适的组合为 sing with me,故应该划去 house。

由于此任务需要计时,在开始此任务前,请打开您的手机,首先记录下您开始此部分答题的时间,然后再开始答题,并在本部分回答完成后记录结束时间(精确到分钟即可)。

我的开始时间为_____:_____

asleep she the fell	join off the club
them under loves he	office call before the
our try on it	under swim desk the
my with does friends	three a become member
had he morning dinner	below our team form
body relationship in good	the along leaf river
your do best shoes	each help other drink
company with their on	meet room me there
bones dogs love along	social strong network artistic
right shining dark in	group afterward one united

我的结束时间为_____：

A4 情景想象任务

A4.1 社会排斥情景

请想象：您最近换了一份新的工作。今天是新工作开始的第一天，您在人事处报到后由人事处的同事带您去自己的工作部门。在新部门里，人事处的同事将您介绍给了其他同事，介绍完毕后，大家象征性地鼓了鼓掌。而后您的一位新同事带您到您的工位上跟您介绍工作。

这位负责向您介绍工作的新同事并不是很热情，程式化地跟您讲述了日常的工作安排以及您的负责部分，而后给了您一些资料让您熟悉流程。您在阅读资料的过程中发现有一些内容您不太清楚，于是您找到这位同事请教，他听了您的问题后表示多看看材料就懂了，自己现在很忙，不太有时间回答您的问题。

中午下班的时候，部门里的新同事三三两两相约一起去吃午饭，可是并没有人招呼您。您走到一个小团体前表示希望和他们一起去午餐，他们貌似很勉强地同意了。在一起吃饭的时候，他们互相聊得很开心，却并没有和你一起聊天的意思。您试图加入他们的谈话，但却经常被忽视，或者大家敷衍一下就开始聊新的话题。

一天工作结束后，您表示希望能够请大家吃晚饭，互相熟悉一下，但大家纷纷表示自己还有事情，并没有接受您的邀请。

A4.2 社会接纳情景

请想象：您最近换了一份新的工作。今天是新工作开始的第一天，您在人事处报到后由人事处的同事带您去自己的工作部门。在新部门里，人事处的同事将您介绍给了其他同事，介绍完毕后，大家热情地鼓了鼓掌。而后您的一位新同事带您到您的工位上跟您介绍工作。

这位负责向您介绍工作的新同事也很热情，很详细地跟您讲述了日常的工作安排以及您的负责部分，而后给了您一些资料让你熟悉流程。您在阅读资料的过程中发现有一些内容您不太清楚，于是您找到这位同事请教，他听了您的问题后给您做了很细致的讲解，并表示很乐意为您解决问题，您可以随时找他。

中午下班的时候，部门里的新同事三三两两相约一起去吃午饭，大家也招呼您下班吃饭。有一个小团体表示很希望您能和他们一起去午餐，您愉快地同意了。在一起吃饭的时候，你们互相聊得很开心，大家都很照顾你。你很轻松地加入他们的谈话，大家向你介绍了很多部门的情况，并听你讲述了很多自己的感受和经历。

一天工作结束后，你表示希望能够请大家吃晚饭，互相熟悉一下，大家纷纷表示很开心收到您的邀请，于是大家一起共进晚餐。

二 调节变量操控

B1 权力感操控

B1.1 权力操控

在人们的日常生活中，时常会有一些让人感到有权力的经历，如考官面试求职者、学生对老师进行评估、家长管教小孩等。请回忆一下您的一次特别的经历，在这一经历中，您对某人（或某些人）具有权力。所谓具有权力，就是说，您具有控制他人的能力，或者能控制他人想要得到的东西，或者您处于能够评价他人的位置。

请在下面横线上详细描述您经历过的具有权力的任一事情，在这一事情中发生了什么、您的感觉如何，等等。请尽可能详细地填写您的自身经历，越是详细的描述对我们帮助越大。十分感谢。

B1.2 无权力操控

在人们的日常生活中，时常会有一些让人感到没有权力或很无助的经历，如职员面见老板、学生面见导师、递交求职申请等。请回忆一下您的一次特别的经历，在这一经历中，别人对您具有权力。所谓别人对您具有权力，就是说，别人具有控制您的能力，或者能控制您想要得到的东西，或者处于能够评价您的位置。

请在下面横线上详细描述您经历过的没有权力的任一事情，在这一事情中发生了什么，您的感觉如何，等等。请尽可能详细地填写您的自身经历，越是详细的描述对我们帮助越大。十分感谢。

B2 自我建构操控

B2.1 独立自我建构操控

这是一个让您与家人和朋友进行比较的任务，请您想一想自己与家人和朋友有什么区别，并在纸的下方写出八句能够描述这种差异与不同的话来。比如，您可以说"和哥哥比起来，我更活泼"等。

请注意，您写的句子中的人称需要具体指代，不要用含糊的"他""她""朋友"等，如果不方便写出他人姓名，可以用昵称或是代号。您所写的内容仅为实验所用，不涉及个人评价。

B2.2 依存自我建构操控

这是一个让您与家人和朋友进行比较的任务，请您想一想自己与家人和朋友有什么共同之处，并在纸的下方写出八句能够描述这种共同之处的话来。比如，您可以说"和哥哥一样，我也很活泼"等。

请注意，您写的句子中的人称需要具体指代，不要用含糊的"他""她""朋友"等，如果不方便写出他人姓名，可以用昵称或是代号。您所写的内容仅为实验所用，不涉及个人评价。

三 品牌排斥操控

C1 银行排斥材料

C1.1 银行排斥操控

请想象，您最近需要申请一张信用卡，在搜索信息时发现招商银行的一款信用卡可以让您在多个商户获得购物优惠，且购物积分可以在多个商户作为现金使用，比较符合您的需求。于是您在招行的官网进行了在线申请，按照要求提供了所需信息。

15天后，招行提示您未能通过银行的信用审核，您的申请失败了。根据规定，您可以在三个月后再次提交申请。

C1.2 银行接纳操控

请想象：您最近需要申请一张信用卡，在搜索信息时发现招商银行的一款信用卡可以让您在多个商户获得购物优惠，且购物积分可以在多个商户作为现金使用，比较符合您的需求。于是您在招行的官网进行了在线申请，按照要求提供了所需信息。

15天后，招行提示您已通过银行的信用审核，您的申请已被受理。根据规定，您可以在一个星期内收到您的信用卡。

C2 俱乐部排斥材料

请想象：您平时很喜欢A品牌，买了不少A品牌的产品，也经常会逛逛A品牌的论坛，其中会有很多A品牌的顾客对其品牌和产品进行讨论。最近A品牌的论坛发起了新一轮的品牌官方俱乐部招新会员，这个俱乐部是一个比较活跃的组织，只有很少的会员名额，很受粉丝的欢迎。俱乐部会员将可以获得更多与品牌互动的机会，比如企业参观、新品体验、特定优惠和品牌活动入场券等，也可以获得更多与其他会员交流的机会，如定期举办的会员活动和会员自发组织的主题活动等。

C2.1 俱乐部排斥操控

您第一次注意到招新会员活动，对此很感兴趣，就进行了点击报名。报名时需要填写一些基本个人信息，回答一些品牌问题，以及提供一些自己与A品牌的故事。在进行了认真填写后，您点击了提交。在招新会员活动结束后，俱乐部通知很遗憾您没能成为 A 品牌官方俱乐部的会员。俱乐部向您表达了感谢和歉意，并邀请您继续关注俱乐部的相关信息。

C2.2 俱乐部接纳操控

您第一次注意到招新会员活动，对此很感兴趣，就进行了点击报名。报名时需要填写一些基本个人信息，回答一些品牌问题，以及提供一些自己与 A 品牌的故事。在进行了认真填写后，您点击了提交。在招新会员活动结束后，俱乐部通知您已经成功成为 A 品牌官方俱乐部的会员。俱乐部向您表达了感谢和欢迎，并邀请您参加下一次的俱乐部活动。

四 排斥相关测量

D1 社会排斥威胁测量

请根据自身的感受，回答您有多同意以下语句：

我感觉自己被排斥；

我感觉自己游戏中像个局外人；

游戏过程中我自我感觉良好；

我觉得自己有很好的自尊；

我觉得自己像是隐形的；

我觉得自己的存在没有任何意义；

我觉得自己有很强的掌控感；

游戏中我感觉有些沮丧。

D2 PANAS 量表

下面我们将提供 20 个描述不同情绪的词语，请根据您现在的实际感受在右侧数字上画 "√"。

	完全没有	有一点	中等	比较多	非常多
感兴趣的	1	2	3	4	5
痛苦的	1	2	3	4	5
兴奋的	1	2	3	4	5

续表

	完全没有	有一点	中等	比较多	非常多
心烦的	1	2	3	4	5
有力的	1	2	3	4	5
内疚的	1	2	3	4	5
害怕的	1	2	3	4	5
有敌意的	1	2	3	4	5
热情的	1	2	3	4	5
自豪的	1	2	3	4	5
急躁的	1	2	3	4	5
警惕的	1	2	3	4	5
惭愧的	1	2	3	4	5
有灵感的	1	2	3	4	5
焦虑的	1	2	3	4	5
坚决的	1	2	3	4	5
关心的	1	2	3	4	5
紧张不安的	1	2	3	4	5
积极的	1	2	3	4	5
担心的	1	2	3	4	5

五 自我关注测量

E1 句子补充任务

心理学研究显示，随着人们阅读量的增加，人们会从心理上给不同词汇赋予不同的强度，请在下列句子中的括号里凭借您的第一直觉选择一个词将该句子变完整。答案无对错，请凭借您的直觉选择相应词上画"√"。

1. 动物园里有一只（白色的、黑色的、棕色的）熊在不停地走来走去。

2. （狗、猫、老鼠）在人们生活中很常见。

3. 秋天果园里的（苹果、桃子、梨）熟了。

4. 在花盆里撒上肥料后（我、她、我们）开始浇花。

5. 那一家餐厅里（牛排、意面、沙拉）最受欢迎了。

6. 尽管（他们的、我们的、我的）手头的书籍并不多，不过其中有一些精品。

7. 路灯很（亮、暗、朦胧），照着马路上来往的车辆。

8. （吃点东西、喝点水、睡一会）就会感觉好一点了。

9. 请不要这样对（我、她、我们），这并不公平。

10. 看得出来那个小孩现在（很、非常、特别）开心。

11. 这个街区很难迷路，但是，（我、我们、他们）还是找不到路了。

12. 那花（红的、黄的、粉的）很漂亮。

13. 路边的（咖啡厅、蛋糕店、商店）都挂上了新年饰品。

14. 桌上的（苹果、梨、桃子）十分新鲜。

15. 这个沙发（很、非常、特别）舒服。

16. 也许去其他地方旅游看看不同的景色能够让人变得更（开心、放松、舒服）。

17. 月亮的（一半、大半、全部）被云遮住了。

18. 正在广播的歌曲的音量突然变（小、大、嘈杂）了。

19. 开始还好，但后来外面的噪声吵得（我们、她、我）睡不着。

20. 好多地方都下了（很、非常、特别）大的雨。

六　因变量测量

F1　兼职工作选择偏好

请想象：地区交通管理部门监控室需要一些兼职的学生在假期帮忙监控各个十字路口交通情况，报备异常状况。兼职学生每天需要工作 4 小时，经简单培训后即可上岗。您经过考虑后决定在假期参与此兼职。

该部门提供两种兼职方案：A 方案要求兼职者同时监控三台监控器的实时路面视频信息，B 方案要求兼职者同时监控六台监控器的实时路面视频信息。A 方案较为轻松，报酬为每月 300 元；B 方案则更累，但报酬为每月600元。请问您更倾向于参与哪种兼职方式？

1 我一定会选择 A 方案	2 我很大可能选择 A 方案	3 我比较可能选择 A 方案	4 两个都一样	5 我比较可能选择 B 方案	6 我很大可能选择 B 方案	7 我一定会选择 B 方案

F2　显性产品选择偏好

请想象：您参与了全球运动品牌耐克公司的网站调查活动并可以获赠耐克提供的品牌运动帽一个，请问您更偏好以下哪一款？（两款只有图案大小有差异）

A 款　　　　　　　B 款

1 我一定会选择 A 款	2 我比较可能选择 A 款	3 两个都一样	4 我比较可能选择 B 款	5 我一定会选择 B 款

F3　美丽产品支付意愿

聚美优品是一家以"聚集美丽，成人之美"为宗旨，集男性和女性消费者所需护肤品、化妆品、衣物首饰等产品于一体的正品限时特卖网站，为了扩大其用户群，准备在校园内为大学生群体提供电子消费券。请问您愿意花多少钱购买聚美的100元面值电子券（相当于现金100元的购买力，无使用门槛）？

F4　美丽产品支付意愿

A市一家较为知名的健身房准备在下一年推出一款以"塑形塑体"为主打的全新项目。不同于普通健身项目，该项目以完善身材比例为主要目标,旨在帮助顾客实现身材的改善与提升。该项目将组建一个专业塑体教练团队为会员量身定做塑体方案,在充分了解会员情况的基础之上,提供个性化的塑体服务,包括场地器械支持以及专业指导,以健康科学的运动方法帮助个体获得更为完美的身材。

健身房打算通过专用塑体年卡方式组织和推广,仅在办理年卡时收取一年的年卡费用,之后提供全年服务,不再包含任何附加费用。目前该市平均的健身年卡费用为 2100 元,该健身房的普通健身年卡费用为 2500 元。

您认为该年卡合适的售价为多少元?

七 实验一回忆任务回答汇总

1. 我吃饭了……
2. 昨天晚上去参加了兰亭集势的招聘宣讲会,会后还当场作了笔试,感觉笔试挺难的,好像要求也挺高的。
3. 昨天一直在上自习,比较正常,晚上回去后舍友在看吸血鬼的电影,我看了几眼,有点吓人。
4. 昨天我和其他三名好友在呷哺呷哺聚会,不过由于还没约定好之前已经吃了晚饭了,所以,大多数时间在聊天,偶尔捞了一些粉丝吃。
5. 小明昨天去西门外买了一份炒面,味道非常好,他很满意。
6. A 昨天拿到了 Offer,很开心,我们都去问他年薪是多少。
7. 昨天某刘姓男子被打了。
8. 昨天做实验结果不好,本来很郁闷。后来分析数据发现是因为少加了一个试剂,找到原因后就不郁闷了,明天重做时把关键的试剂加上,应该就能有好的结果了吧……
9. 昨天去饭店吃饭,哇塞,超好吃,超赞,还想再去吃一次。
10. 她被我反锁在家里了。
11. 昨晚我和舍友出去吃夜宵,我们 4 个人骑车到了清华东门附近,虽然临近 12 点,身体比较疲倦。但是,我们还是非常开心。

12. 昨天参加一次体检。

13. 做了一天试验，有趣但疲惫。

14. 昨天本来打算打个电话，忘记了。

15. 昨天改文章改到很晚，感到很累，很沮丧。

16. 在图书馆看书，有一个同学违反图书馆的规定把书包带了进去，有点气愤。

17. 因为自己打算参加校研究生会主席的竞选，所以，昨天专门与马克思学院的党委书记邹老师简单讨论了学生工作的有关问题，收到了非常好的效果，自己非常开心和满意！

18. 上课。

19. 让我想起实验室打羽毛球时的情景，但当时还是很高兴的。

20. 有位送水大叔不鸟我！！！

21. 我昨天晚上配了一个溶液，但不是很好溶解。

22. 上课、吃饭、买东西。

23. 昨天一个同学抱怨她室友起床后噪声非常大，影响她之后的睡眠。

24. 昨天我们去吃饭，送别一个即将出国的同学，饭桌上我们还是老样子，嘻嘻哈哈，完全没有丝毫伤感。

25. 去修电脑。

26. 去食堂吃了米粉。

27. 小廖昨天让我去饭馆找她，我去了之后看到她跟她的闺蜜们在吃饭，我就在旁边一直等着她。

28. 记忆最深刻的就是晚上该死的室友和网上不知道性别的人在那里聊天，键盘"噼里啪啦"让人听着就烦躁，晚上睡觉还在那里打呼噜，吵得昏天暗地，让人睡不着觉啊，已经有 6 年没睡一个好觉了，难？我真的要学清华的那些人吗？

29. 昨天帮一位同学去拿 EMS。

30. 老师批评了我。

31. 昨天我去街上吃饭，结果吃得很开心。

32. 上午第一、第二节是有机课，下了课，我像往常一样去五四上太极拳课，可是等了好一会儿一个同学都没有来，老师也没出现，这时我才想起上周体育课老师说这一周的体育课改成晚上的理论课了，可?? 我仍然不太确定。又过了一会儿，上次课没来的那个韩国同学出现了，我和他说了理论课的事情，他又给他的同学打电话确认了这件事，我们才放心地离开了五四体育场。

33. 昨天我去交了一份表格给学院，结果老师不在，放他信箱了。

34. 我和 NC 商量一起吃饭，正好小白打电话来招呼一起去，于是我们在家园小聚，十分开心。

35. 昨天做梦，梦到自己可以飞起来。

36. 昨天下午我和一些同学、老师打了一下午羽毛球，感觉非常痛快。

37. 观看篮球比赛，和裁判互动。

38. 昨天和朋友去买正装，走了许多地方，真不知道那些正装有什么特别，这么贵，而且让人不明所以。

39. 昨天和丁丁一起去何贤记吃饭。

40. 昨天上午上四节课，下午和晚上看书。

41. 昨天晚上 11 点钟，我们宿舍四个人一起去清华吃烧烤……这个让我无语的建议是我的室友提出来的（他也来参加今天的被试）这是排在第一位的事件，第二位的是昨天给别人面试去了，大家表现很好，让我很难取舍。

42. 昨天小明跟小红在一起，小红说要去上厕所（他们不是恋人），但是不知道为什么，小红没有关厕所的门，所以，小明出去的时候看到了小红上厕所的样子。

43. 昨天中午我本来打算参加一个讲座，而我这一周都对这个讲座很期待。可是，由于前天参加了体测，太久没有锻炼身体的我感到身体非常不适应，全身酸痛。同时上午连上了三节课，在回宿舍休了半小时后，由于头疼实在不能起床，于是错过了这次讲座。

我感到不太开心。但是，后来问了同学，讲座的 PPT 会留给大家，我又感到高兴了。

44. 昨天下午因为吃了很多的零食，所以，晚上就不打算吃饭了。回到宿舍以后，却因为看到别人吃，禁不住食物的诱惑又出去买了晚饭。一天摄入了很多的热量。

45. 小明在地铁上脚被踩到了。

46. 昨天她谈恋爱了，一整天都在和朋友交流有关恋爱的事情，说起的时候，很满足也很甜蜜，所以，再去见他的时候自然而然地兴奋，可是突然发现，不过就是恋爱了而已，还是要有自己的生活，过多依赖会让自己很累很不真实。

47. 昨天他追到了自己喜欢的女生，两个人一起吃饭，用短信聊了一整天，很甜蜜、很充实。

48. 小伙伴昨天一起去颐和园看了大黄鸭，很开心，但是，大黄鸭的周边商品太贵，没有购买，这些商品很有恶意高价的感觉。

49. 昨天老师突然跟我们说，资格考试改变策略，院里要实行新的方案，说实话，这样也好，非常公平。

50. 昨天我去买了营养土，把发芽的种子分到每个盆中，同时又撒了点新的种子种上了，希望能发芽。

51. 昨天遇到了一个难缠的人，一直不停地问我问题，让我很反感。其实，他应该做好自己的事情，而不是投机取巧。

52. 小黄去寺庙打七。

53. 听一次讲座，老师的口音让我们听不懂讲座的内容。

54. 昨天我把校园卡借给了一位在北大上班的人，他平时只能用太阳卡吃饭。所以，拿我的校园卡去康中吃了一顿饺子，他非常开心，我也很高兴。

55. 我和一个同学昨天一起在图书馆自习。

56. 昨天上午，冰冰一直在忙着，这时隔壁的小天过来借东西，冰冰带着他去楼上找，可惜没有找到，小天说，他可以去别的地方借，冰冰说好，但是，冰冰觉得很过意不去，因为之前小天帮了自已很多，所以冰冰也出去借，终于在室友那里借到了，于是很高兴地给小天送过去。

57. 图书馆里，A 和 B 正在看书，突然 A 说："你不要吵！"B 说："我已经关掉了。"A 说："你别以为我没有听见。"C 说："要吵架去外面，这里是图书馆。"

58. 昨天晚上，在复习的时候，宿舍里突然停电，在断电之前，我已经把房间的灯关了，但是，由于断电台灯也突然不亮了，无线网也不能上，那时，时间也不早，就将所有的事情都放下来，睡觉去了。

59. 昨晚上课前，我去吃了香锅，因此，让另外一个同学帮我占了，一个座位。快开始上课时我才赶到教室，发现同学帮我占了座位以后，她就坐在了我旁边。

60. 我昨天吃了很多好吃的东西。

61. 昨天下午，我去游泳。我最近才开始学，但昨天已经能连续换气游 25 米。

62. 昨天下午，我们参加了期中考试，可是考试开始了，监考老师却始终没有来，于是我们等了半个小时，因为没有时间答完试卷，所以，延长了半个小时，最后我们完成了考试。

63. 小红在网上搜到了她想了解的相关信息。

64. 昨天和宿舍同学去洗澡了。

65. 考完试，老师收卷子时让同学先别走，一个同学还是趁老师不注意走了。

66. 昨天小红去校医院拔牙，我陪她一起去的。医生服务态度很好，护士很漂亮，只是拔牙还是很疼。打麻药的时候，小红差点疼哭了。回来的时候，她满嘴棉花，也说不出话来。我帮她打了水。我也长智齿了，好担心以后也要拔牙。

67. 我的室友昨晚在宿舍看美剧，时不时发出一阵笑声，我也很想看，但是，我要完成一项作业。

68. 昨天 A 的朋友说今天要来找 A 玩，还说要和 A 一起住一晚，A 一整天都很高兴。

69. 在宿舍门口停车,无意碰倒了一排自行车。

70. 朋友和他的女朋友吵架了,非常不开心。

71. 昨天我去听了一场非常无聊的宣讲会。

72. 昨天晚上,我们宿舍的同学卧谈到好晚才睡,大家都很开心。

73. 昨天我本来想去银行开通网银,但已经下班了,我决定第二天去,于是记下了他们的上班时间。

74. 跟师弟讨论近两天要完成论文的问题,他好像对于论文的框架不确定,他觉得时间很紧,很可能完成不了,心情沮丧。

75. 我去当助教走到教室后,发现红笔写不出了,于是跑到楼下买红笔,跑了两家便利店后买到了最后一支红笔。

76. 昨天晚上给新电脑装程序,结果开机变得特别慢。超级沮丧。

77. 晚上一个人开着摩托车在路上呼啸而过。

78. 昨天我和小李去看了电影《惊天魔盗团》,回来的路上天好冷。

79. 我昨天一个人去上了一门课,朋友有事没有和我一起上,我感到有些微失落~

80. 看话剧,《夏洛特烦恼》,很有意思,很搞笑,脸都笑抽了,O(∩_∩)O~。

81. 整理了两个小时的 Excel 表格。

82. 昨天和小明吃大餐,庆祝他拿到 Offer,很高兴。

83. A 和爸妈争执,因为爸妈管他太多。

84. 昨晚我去听学长的讲座,他向我们传授了很多学习经验和实习经验,我深受启发。

85. 小 A 和她男朋友打了 4 个多小时的电话,虽然两个人感情很好,但是,由于家庭原因,最终应该不能走到一起。我觉得他们挺不容易的。

86. 昨天上德语课的时候,老师给我们讲了一个在德国很流行的笑话,我们觉得笑话一般,但老师自己笑到不行,非常有意思。

八 实验五中介检验数据

Run MATRIX procedure：

********** PROCESS Procedure for SPSS Release 2.13 **********

    Written by Andrew F. Hayes, Ph. D. www.afhayes.com

Documentation available in Hayes（2013）. www.guilford.com/p/hayes3

****

Model = 8

  Y = job

  X = exc

  M = me

  W = gender

Statistical Controls：

CONTROL = income mood1 mood2 mood3

Sample size

   103

****

Outcome：me

Model Summary

R	R-sq	MSE	F	df1	df2	p
0.3980	0.1584	1.3202	2.5542	7.0000	95.0000	0.0187

Model

	coeff	se	t	p	LLCI	ULCI
constant	6.8715	1.3353	5.1461	0.0000	4.2206	9.5223
exc	-2.2684	0.7651	-2.9650	0.0038	-3.7872	-0.7496
gender	-2.6666	0.7338	-3.6340	0.0005	-4.1234	-1.2099
int_1	1.5742	0.4582	3.4354	0.0009	0.6645	2.4839
income	-0.0012	0.0011	-1.1526	0.2520	-0.0034	0.0009
mood1	-0.0610	0.1991	-0.3061	0.7602	-0.4563	0.3344
mood2	-0.1379	0.1866	-0.7390	0.4618	-0.5084	0.2326
mood3	-0.0098	0.1740	-0.0566	0.9550	-0.3553	0.3356

Interactions：

int_1 exc X gender

****

Outcome: job

Model Summary

	R	R-sq	MSE	F	df1	df2	p
	0.3774	0.1424	3.5988	1.9513	8.0000	94.0000	0.0613

Model

	coeff	se	t	p	LLCI	ULCI
constant	8.4717	2.4930	3.3982	0.0010	3.5218	13.4216
me	0.3661	0.1694	2.1615	0.0332	0.0298	0.7025
exc	-2.2510	1.3203	-1.7050	0.0915	-4.8724	0.3704
gender	-2.4786	1.2930	-1.9170	0.0583	-5.0459	0.0886
int_2	1.1599	0.8022	1.4460	0.1515	-0.4328	2.7527
income	-0.0022	0.0018	-1.2430	0.2169	-0.0058	0.0013
mood1	0.1831	0.3289	0.5567	0.5791	-0.4700	0.8362
mood2	0.1498	0.3090	0.4849	0.6288	-0.4637	0.7634
mood3	-0.0981	0.2873	-0.3414	0.7336	-0.6686	0.4724

Interactions:

int_2   exc   X   gender

************ DIRECT AND INDIRECT EFFECTS ************

Conditional direct effect (s) of X on Y at values of the moderator (s):

gender	Effect	SE	t	p	LLCI	ULCI
1.0000	-1.0911	0.6197	-1.7607	0.0815	-2.3214	0.1393
2.0000	0.0689	0.5584	0.1233	0.9021	-1.0399	1.1776

Conditional indirect effect (s) of X on Y at values of the moderator (s):

Mediator

	gender	Effect	Boot SE	BootLLCI	BootULCI
me	1.0000	-0.2542	0.1956	-0.7712	0.0154
me	2.0000	0.3222	0.1769	0.0541	0.7610

Indirect effect of highest order product:

Mediator

	Effect	SE (Boot)	BootLLCI	BootULCI
me	0.5764	0.2992	0.0798	1.2997

********** INDEX OF MODERATED MEDIATION ************

Mediator

	Index	SE (Boot)	BootLLCI	BootULCI
me	0.5764	0.2992	0.0798	1.2997

When the moderator is dichotomous, this is a test of equality of the conditional indirect effects in the two groups.

*********** ANALYSIS NOTES AND WARNINGS ************

Number of bootstrap samples for bias corrected bootstrap confidence intervals:
1000

Level of confidence for all confidence intervals in output:
95.00

------ END MATRIX ------

Run MATRIX procedure:

********** PROCESS Procedure for SPSS Release 2.13 ***********

Written by Andrew F. Hayes, Ph. D.   www.afhayes.com

Documentation available in Hayes (2013). www.guilford.com/p/hayes3

****

Model = 8

 Y = job

 X = exc

 M = me

 W = gender

Statistical Controls:

CONTROL = income mood1 mood2 mood3

Sample size

  103

****

Outcome: me

Model Summary

R	R-sq	MSE	F	df1	df2	p
0.3980	0.1584	1.3202	2.5542	7.0000	95.0000	0.0187

Model

	coeff	se	t	p	LLCI	ULCI
constant	6.8715	1.3353	5.1461	0.0000	4.6535	9.0894
exc	-2.2684	0.7651	-2.9650	0.0038	-3.5392	-0.9976
gender	-2.6666	0.7338	-3.6340	0.0005	-3.8855	-1.4478
int_1	1.5742	0.4582	3.4354	0.0009	0.8131	2.3354
income	-0.0012	0.0011	-1.1526	0.2520	-0.0030	0.0005
mood1	-0.0610	0.1991	-0.3061	0.7602	-0.3917	0.2698
mood2	-0.1379	0.1866	-0.7390	0.4618	-0.4479	0.1721
mood3	-0.0098	0.1740	-0.0566	0.9550	-0.2989	0.2792

Interactions:

int_1   exc   X   gender

* *

Outcome: job

Model Summary

R	R-sq	MSE	F	df1	df2	p
0.3774	0.1424	3.5988	1.9513	8.0000	94.0000	0.0613

Model

	coeff	se	t	p	LLCI	ULCI
constant	8.4717	2.4930	3.3982	0.0010	4.3303	12.6131
me	0.3661	0.1694	2.1615	0.0332	0.0847	0.6475
exc	-2.2510	1.3203	-1.7050	0.0915	-4.4443	-0.0578
gender	-2.4786	1.2930	-1.9170	0.0583	-4.6266	-0.3307
int_2	1.1599	0.8022	1.4460	0.1515	-0.1726	2.4925
income	-0.0022	0.0018	-1.2430	0.2169	-0.0052	0.0007
mood1	0.1831	0.3289	0.5567	0.5791	-0.3633	0.7295
mood2	0.1498	0.3090	0.4849	0.6288	-0.3635	0.6631
mood3	-0.0981	0.2873	-0.3414	0.7336	-0.5754	0.3792

Interactions:

int_2   exc   X   gender

* * * * * * * * * * * * * DIRECT AND INDIRECT EFFECTS * * * * * * * * * * * * *

Conditional direct effect (s) of X on Y at values of the moderator (s):

gender	Effect	SE	t	p	LLCI	ULCI
1.0000	-1.0911	0.6197	-1.7607	0.0815	-2.1205	-0.0617
2.0000	0.0689	0.5584	0.1233	0.9021	-0.8588	0.9965

Conditional indirect effect (s) of X on Y at values of the moderator (s):

Mediator

	gender	Effect	Boot SE	BootLLCI	BootULCI
me	1.0000	-0.2542	0.1956	-0.6709	-0.0242
me	2.0000	0.3222	0.1769	0.0979	0.6888

Indirect effect of highest order product:

Mediator

	Effect	SE (Boot)	BootLLCI	BootULCI
me	0.5764	0.2992	0.1703	1.1646

*********** INDEX OF MODERATED MEDIATION ************

Mediator

	Index	SE (Boot)	BootLLCI	BootULCI
me	0.5764	0.2992	0.1703	1.1646

When the moderator is dichotomous, this is a test of equality of the conditional indirect effects in the two groups.

*********** ANALYSIS NOTES AND WARNINGS ************

Number of bootstrap samples for bias corrected bootstrap confidence intervals:

1000

Level of confidence for all confidence intervals in output:

90.00

------ END MATRIX ------

九 实验六中介检验数据

Run MATRIX procedure:

********** PROCESS Procedure for SPSS Release 2.13 **********

　　　　　Written by Andrew F. Hayes, Ph. D.　　www.afhayes.com

Documentation available in Hayes (2013). www.guilford.com/p/hayes3

****

Model = 8

Y = cons
X = exc
M = me
W = gender

Statistical Controls:
CONTROL = mood1   mood2   mood3

Sample size
    126

****

Outcome: me

Model Summary

R	R-sq	MSE	F	df1	df2	p
0.3291	0.1083	1.3000	2.4098	6.0000	119.0000	0.0311

Model

	coeff	se	t	p	LLCI	ULCI
constant	4.0855	1.0194	4.0076	0.0001	2.3955	5.7755
exc	-1.8903	0.6668	-2.8349	0.0054	-2.9957	-0.7849
gender	-1.3746	0.6370	-2.1578	0.0330	-2.4307	-0.3185
int_1	1.1727	0.4081	2.8737	0.0048	0.4962	1.8493
mood1	0.1916	0.1709	1.1208	0.2646	-0.0918	0.4750
mood2	-0.2213	0.1586	-1.3955	0.1655	-0.4843	0.0416
mood3	0.0281	0.1635	0.1718	0.8639	-0.2429	0.2991

Interactions:

int_1   exc   X   gender

****

Outcome: cons

Model Summary

R	R-sq	MSE	F	df1	df2	p
0.3610	0.1303	1.6844	2.5255	7.0000	118.0000	0.0186

Model

	coeff	se	t	p	LLCI	ULCI
constant	2.3186	1.2362	1.8755	0.0632	0.2690	4.3681
me	-0.1964	0.1043	-1.8822	0.0623	-0.3694	-0.0234
exc	0.4585	0.7842	0.5847	0.5599	-0.8416	1.7587
gender	1.1663	0.7392	1.5778	0.1173	-0.0592	2.3917
int_2	-0.7392	0.4804	-1.5388	0.1265	-1.5356	0.0572
mood1	0.1143	0.1956	0.5845	0.5600	-0.2100	0.4386
mood2	-0.3257	0.1820	-1.7898	0.0761	-0.6275	-0.0240
mood3	0.4114	0.1861	2.2102	0.0290	0.1028	0.7199

Interactions:

int_2   exc   X   gender

************ DIRECT AND INDIRECT EFFECTS ************

Conditional direct effect (s) of X on Y at values of the moderator (s):

gender	Effect	SE	t	p	LLCI	ULCI
1.0000	-0.2807	0.3747	-0.7492	0.4552	-0.9018	0.3404
2.0000	-1.0199	0.3567	-2.8593	0.0050	-1.6113	-0.4285

Conditional indirect effect (s) of X on Y at values of the moderator (s):

Mediator

	gender	Effect	Boot SE	BootLLCI	BootULCI
me	1.0000	0.1409	0.1145	0.0114	0.3729
me	2.0000	-0.0894	0.0881	-0.3263	0.0005

Indirect effect of highest order product:

Mediator

	Effect	SE (Boot)	BootLLCI	BootULCI
me	-0.2303	0.1705	-0.5764	-0.0180

************ INDEX OF MODERATED MEDIATION ************

Mediator

	Index	SE (Boot)	BootLLCI	BootULCI
me	-0.2303	0.1705	-0.5764	-0.0180

When the moderator is dichotomous, this is a test of equality of the conditional indirect effects in the two groups.

************ ANALYSIS NOTES AND WARNINGS ************

Number of bootstrap samples for bias corrected bootstrap confidence intervals:
1000
Level of confidence for all confidence intervals in output:
90.00
------END MATRIX-----

十 实验七中介检验数据

Run MATRIX procedure:

********* PROCESS Procedure for SPSS Release 2.13 ***********

　　　　　Written by Andrew F. Hayes, Ph. D.　　www.afhayes.com

Documentation available in Hayes (2013). www.guilford.com/p/hayes3

****

Model = 8
　　Y = money
　　X = exc
　　M = me
　　W = gender

Statistical Controls:
CONTROL = mood

Sample size
　　　94

****

Outcome: me

Model Summary

R	R-sq	MSE	F	df1	df2	p
0.2955	0.0873	1.5343	2.1293	4.0000	89.0000	0.0837

Model

	coeff	se	t	p	LLCI	ULCI
constant	5.7171	1.4318	3.9928	0.0001	2.8720	8.5622
exc	-1.8141	0.8220	-2.2071	0.0299	-3.4473	-0.1809
gender	-1.9871	0.8161	-2.4348	0.0169	-3.6087	-0.3655
int_1	1.2493	0.5123	2.4386	0.0167	0.2314	2.2672
mood	-0.2463	0.1614	-1.5253	0.1307	-0.5671	0.0745

Interactions:

int_1   exc   X   gender

****

Outcome: money

Model Summary

R	R-sq	MSE	F	df1	df2	p
0.4940	0.2441	582.7290	5.6825	5.0000	88.0000	0.0001

Model

	coeff	se	t	p	LLCI	ULCI
constant	50.1931	30.3012	1.6565	0.1012	-10.0244	110.4106
me	-8.7496	2.0658	-4.2354	0.0001	-12.8549	-4.6442
exc	19.3919	16.4513	1.1787	0.2417	-13.3017	52.0855
gender	28.2225	16.4260	1.7182	0.0893	-4.4208	60.8658
int_2	-16.8018	10.3123	-1.6293	0.1068	-37.2953	3.6918
mood	-2.9485	3.1873	-0.9251	0.3574	-9.2826	3.3856

Interactions:

int_2   exc   X   gender

************ DIRECT AND INDIRECT EFFECTS ************

Conditional direct effect (s) of X on Y at values of the moderator (s):

gender	Effect	SE	t	p	LLCI	ULCI
1.0000	2.5901	7.3397	0.3529	0.7250	-11.9960	17.1762
2.0000	-14.2117	7.0557	-2.0142	0.0470	-28.2334	-0.1899

Conditional indirect effect (s) of X on Y at values of the moderator (s):

Mediator

	gender	Effect	Boot SE	BootLLCI	BootULCI
me	1.0000	4.9419	3.6503	-0.7784	14.1795
me	2.0000	-5.9889	3.5135	-14.6359	-0.4757

Indirect effect of highest order product:

Mediator

	Effect	SE (Boot)	BootLLCI	BootULCI
me	-10.9307	5.4697	-26.2498	-3.2110

********** INDEX OF MODERATED MEDIATION ************

Mediator

	Index	SE（Boot）	BootLLCI	BootULCI
me	-10.9307	5.4697	-26.2498	-3.2110

When the moderator is dichotomous, this is a test of equality of the conditional indirect effects in the two groups.

*********** ANALYSIS NOTES AND WARNINGS ************

Number of bootstrap samples for bias corrected bootstrap confidence intervals：

1000

Level of confidence for all confidence intervals in output：

95.00

------ END MATRIX -----

Run MATRIX procedure：

********** PROCESS Procedure for SPSS Release 2.13 ***********

Written by Andrew F. Hayes, Ph. D.   www. afhayes. com

Documentation available in Hayes（2013）. www. guilford. com/p/hayes3

****

Model = 8

    Y = money

    X = exc

    M = me

    W = gender

Statistical Controls：

CONTROL = mood

Sample size

    94

****

Outcome：me

Model Summary

R	R-sq	MSE	F	df1	df2	p
0.2955	0.0873	1.5343	2.1293	4.0000	89.0000	0.0837

Model

	coeff	se	t	p	LLCI	ULCI
constant	5.7171	1.4318	3.9928	0.0001	3.3372	8.0970
exc	-1.8141	0.8220	-2.2071	0.0299	-3.1803	-0.4479
gender	-1.9871	0.8161	-2.4348	0.0169	-3.3436	-0.6306
int_1	1.2493	0.5123	2.4386	0.0167	0.3978	2.1008
mood	-0.2463	0.1614	-1.5253	0.1307	-0.5146	0.0221

Interactions:

int_1   exc   X   gender

****

Outcome: money

Model Summary

R	R-sq	MSE	F	df1	df2	p
0.4940	0.2441	582.7290	5.6825	5.0000	88.0000	0.0001

Model

	coeff	se	t	p	LLCI	ULCI
constant	50.1931	30.3012	1.6565	0.1012	-0.1783	100.5644
me	-8.7496	2.0658	-4.2354	0.0001	-12.1837	-5.3155
exc	19.3919	16.4513	1.1787	0.2417	-7.9559	46.7398
gender	28.2225	16.4260	1.7182	0.0893	0.9167	55.5283
int_2	-16.8018	10.3123	-1.6293	0.1068	-33.9444	0.3409
mood	-2.9485	3.1873	-0.9251	0.3574	-8.2470	2.3499

Interactions:

int_2   exc   X   gender

************* DIRECT AND INDIRECT EFFECTS *************

Conditional direct effect(s) of X on Y at values of the moderator(s):

gender	Effect	SE	t	p	LLCI	ULCI
1.0000	2.5901	7.3397	0.3529	0.7250	-9.6110	14.7913
2.0000	-14.2117	7.0557	-2.0142	0.0470	-25.9407	-2.4826

Conditional indirect effect(s) of X on Y at values of the moderator(s):

Mediator

	gender	Effect	Boot SE	BootLLCI	BootULCI
me	1.0000	4.9419	3.6503	0.1659	12.2548
me	2.0000	-5.9889	3.5135	-13.0924	-1.2378

Indirect effect of highest order product:
Mediator

	Effect	SE (Boot)	BootLLCI	BootULCI
me	-10.9307	5.4697	-23.4394	-4.4737

*********** INDEX OF MODERATED MEDIATION ************

Mediator

	Index	SE (Boot)	BootLLCI	BootULCI
me	-10.9307	5.4697	-23.4394	-4.4737

When the moderator is dichotomous, this is a test of equality of the conditional indirect effects in the two groups.

*********** ANALYSIS NOTES AND WARNINGS ************

Number of bootstrap samples for bias corrected bootstrap confidence intervals:
1000

Level of confidence for all confidence intervals in output:
90.00

------ END MATRIX ------

十一 实验十中介检验数据

Run MATRIX procedure:

********* PROCESS Procedure for SPSS Release 2.13 **********

Written by Andrew F. Hayes, Ph. D.   www.afhayes.com

Documentation available in Hayes (2013). www.guilford.com/p/hayes3

****

Model = 8
    Y = 未来互动
    X = 排斥
    M = 品牌评价
    W = 性别

Sample size
    116

****

Outcome：品牌评价

Model Summary

R	R-sq	MSE	F	df1	df2	p
0.1933	0.0374	0.5310	1.4497	3.0000	112.0000	0.2322

Model

	coeff	se	t	p	LLCI	ULCI
constant	5.3343	0.6927	7.7005	0.0000	4.1854	6.4832
排斥	-0.8582	0.4405	-1.9481	0.0539	-1.5889	-0.1275
性别	-0.8694	0.4273	-2.0347	0.0442	-1.5782	-0.1607
int_1	0.5168	0.2717	1.9022	0.0597	0.0662	0.9674

Interactions:

int_1　排斥　X　性别

$\ast\ast\ast\ast\ast\ast\ast\ast\ast\ast\ast\ast\ast\ast\ast\ast\ast\ast\ast\ast\ast\ast\ast\ast\ast\ast\ast\ast\ast\ast\ast\ast\ast\ast\ast\ast\ast\ast\ast\ast\ast\ast\ast\ast\ast$

Outcome: 未来互动

Model Summary

R	R-sq	MSE	F	df1	df2	p
0.5027	0.2528	1.1054	9.3862	4.0000	111.0000	0.0000

Model

	coeff	se	t	p	LLCI	ULCI
constant	0.5159	1.2361	0.4174	0.6772	-1.5344	2.5662
品牌评价	0.7556	0.1363	5.5421	0.0000	0.5294	0.9817
排斥	-0.4188	0.6463	-0.6480	0.5183	-1.4909	0.6532
性别	-0.2997	0.6278	-0.4774	0.6340	-1.3411	0.7416
int_2	0.4204	0.3983	1.0554	0.2935	-0.2403	1.0810

Interactions:

int_2　排斥　X　性别

$\ast\ast\ast\ast\ast\ast\ast\ast\ast\ast\ast\ast$ DIRECT AND INDIRECT EFFECTS $\ast\ast\ast\ast\ast\ast\ast\ast\ast\ast\ast\ast$

Conditional direct effect(s) of X on Y at values of the moderator(s):

性别	Effect	SE	t	p	LLCI	ULCI
1.0000	0.0016	0.2926	0.0053	0.9958	-0.4838	0.4869
2.0000	0.4219	0.2660	1.5859	0.1156	-0.0194	0.8632

Conditional indirect effect(s) of X on Y at values of the moderator(s):

Mediator

性别		Effect	Boot SE	BootLLCI	BootULCI
品牌评价	1.0000	-0.2580	0.1503	-0.4832	0.0023
品牌评价	2.0000	0.1325	0.1493	-0.0970	0.3828

Indirect effect of highest order product:
Mediator

	Effect	SE (Boot)	BootLLCI	BootULCI
品牌评价	0.3905	0.2205	0.0736	0.7590

*********** INDEX OF MODERATED MEDIATION ************

Mediator

	Index	SE (Boot)	BootLLCI	BootULCI
品牌评价	0.3905	0.2205	0.0736	0.7590

When the moderator is dichotomous, this is a test of equality of the conditional indirect effects in the two groups.

************ ANALYSIS NOTES AND WARNINGS ************

Number of bootstrap samples for bias corrected bootstrap confidence intervals:
1000

Level of confidence for all confidence intervals in output:
90.00

------ END MATRIX ------

Run MATRIX procedure:

********** PROCESS Procedure for SPSS Release 2.13 ***********

Written by Andrew F. Hayes, Ph. D.   www.afhayes.com

Documentation available in Hayes (2013). www.guilford.com/p/hayes3

****

Model = 8

    Y = 推荐意愿

    X = 排斥

    M = 品牌评价

    W = 性别

Sample size

****

Outcome：品牌评价

Model Summary

R	R-sq	MSE	F	df1	df2	p
0.1933	0.0374	0.5310	1.4497	3.0000	112.0000	0.2322

Model

	coeff	se	t	p	LLCI	ULCI
constant	5.3343	0.6927	7.7005	0.0000	4.1854	6.4832
排斥	-0.8582	0.4405	-1.9481	0.0539	-1.5889	-0.1275
性别	-0.8694	0.4273	-2.0347	0.0442	-1.5782	-0.1607
int_1	0.5168	0.2717	1.9022	0.0597	0.0662	0.9674

Interactions：

int_1   排斥   X   性别

****

Outcome：推荐意愿

Model Summary

R	R-sq	MSE	F	df1	df2	p
0.6130	0.3757	0.6324	16.7021	4.0000	111.0000	0.0000

Model

	coeff	se	t	p	LLCI	ULCI
constant	0.4505	0.9349	0.4819	0.6308	-1.1002	2.0012
品牌评价	0.7065	0.1031	6.8519	0.0000	0.5355	0.8776
排斥	0.3453	0.4888	0.7064	0.4814	-0.4655	1.1561
性别	-0.2333	0.4749	-0.4913	0.6242	-1.0210	0.5543
int_2	0.1908	0.3012	0.6334	0.5278	-0.3089	0.6904

Interactions：

int_2   排斥   X   性别

************* DIRECT AND INDIRECT EFFECTS ************

Conditional direct effect（s）of X on Y at values of the moderator（s）：

性别	Effect	SE	t	p	LLCI	ULCI
1.0000	0.5361	0.2213	2.4222	0.0170	0.1690	0.9032
2.0000	0.7269	0.2012	3.6124	0.0005	0.3931	1.0606

Conditional indirect effect（s）of X on Y at values of the moderator（s）：

Mediator

性别		Effect	Boot SE	BootLLCI	BootULCI
品牌评价	1.0000	−0.2412	0.1306	−0.4363	−0.0057
品牌评价	2.0000	0.1239	0.1315	−0.0995	0.3301

Indirect effect of highest order product:

Mediator

	Effect	SE (Boot)	BootLLCI	BootULCI
品牌评价	0.3651	0.1865	0.0700	0.6552

********** INDEX OF MODERATED MEDIATION ************

Mediator

	Index	SE (Boot)	BootLLCI	BootULCI
品牌评价	0.3651	0.1865	0.0700	0.6552

When the moderator is dichotomous, this is a test of equality of the conditional indirect effects in the two groups.

*********** ANALYSIS NOTES AND WARNINGS ************

Number of bootstrap samples for bias corrected bootstrap confidence intervals:
1000

Level of confidence for all confidence intervals in output:
90.00

------ END MATRIX ------

参考文献

[1] 杜建政、夏冰丽:《心理学视野中的社会排斥》,《心理科学进展》2008年第16期。

[2] 李东进、刘建新:《产品稀缺诉求影响消费者购买意愿的双中介模型》,《管理科学》2006年第29期。

[3] Bahrick, H. P., Bahrick, P. O. and Wittlinger, R. P., "Fifty Years of Memory for Names and Faces: A Cross-sectional Approach", *Journal of Experimental Psychology: General*, Vol. 104, No. 3, 1975, p. 54.

[4] Bakan, D., *The Duality of Human Existence*, Chicago: Rand McNally, 1966.

[5] Bargh, J. A. and Shalev, I., "The Substitutability of Physical and Social Warmth in Daily Life", *Emotion*, Vol. 12, No. 1, 2012, p. 154.

[6] Basu, K. A., "A Theory of Association: Social Status, Prices and Markets", *Oxford Economic Papers*, Vol. 41, No. 1, 1989, p. 653.

[7] Baumeister, R. F., *Meanings of Life*, New York: Guilford Press, 1991.

[8] Baumeister, R. F. and Sommer, K. L., "What do Men Want? Gender Differences and Two Spheres of Belongingness: Comment on Cross and Madson", *Psychological Bulletin*, Vol. 122, No. 1, 1997, p. 51.

[9] Baumeister, R. F., DeWall, C. N. and Ciarocco, N. J. et al., "Social Exclusion Impairs Self-regulation", *Journal of Personality and Social Psychology*, Vol. 88, No. 4, 2005, p. 589.

[10] Baumeister, R. F., Twenge, J. M. and Nuss, C. K., "Effects of Social Exclusion on Cognitive Processes: Anticipated Aloneness Reduces Intelligent Thought", *Journal of Personality and Social Psychology*, Vol. 83, No. 4, 2002, p. 817.

[11] Baumeister, R. F. and Leary, M. R., "The Need to Belong: Desire for Interpersonal Attachments as a Fundamental Human Motivation", *Psychological Bulletin*, Vol. 117, No. 3, 1995, p. 497.

[12] Bem, S. L., "The Measurement of Psychological Androgyny", *Journal of Clinical Psychology*, Vol. 33, No. 4, 1974, p. 155.

[13] Benenson, J. F., Markovits, H. and Thompson, M. E. et al., "Under Threat of Social Exclusion, Females Exclude More than Males", *Psychological Science*, Vol. 22, No. 4, 2011, p. 538.

[14] Benenson, J. F., Antonellis, T. J. and Cotton, B. J. et al., "Sex Differences in Children's Formation of Exclusionary Alliances under Scarce Resource Conditions", *Animal Behaviour*, Vol. 76, No. 2, 2008, p. 497.

[15] Bernstein, M. J., Sacco, D. F. and Brown, C. M. et al., "A Preference for Genuine Smiles Following Social Exclusion", *Journal of Experimental Social Psychology*, Vol. 46, No. 1, 2010, p. 196.

[16] Bernstein, M. J., Young, S. G. and Brown, C. M. et al., "Adaptive Responses to Social Exclusion Social Rejection Improves Detection of Real and Fake Smiles", *Psychological Science*, Vol. 19, No. 10, 2008, p. 981.

[17] Brady, D., "Why Service Stinks", *Business Week*, Vol. 23, October, 2000, p. 120.

[18] Brinol, P., Petty, R. E. and Valle, C. et al., "The Effects of Message Recipients' Power before and after Persuasion: A Self-validation Analysis", *Journal of Personality and Social Psychology*, Vol. 93, No. 6, 2007, p. 1040.

[19] Broverman, I. K., Vogel, S. R. and Broverman, D. M. et al., "Sex-Role Stereotypes: A Current Appraisal", *Journal of Social Issues*, Vol. 28, No. 2, 1972, p. 59.

[20] Buckley, K. E., Winkel, R. E. and Leary, M. R., "Reactions to Acceptance and Rejection: Effects of Level and Sequence of Relational Evaluation", *Journal of Experimental Social Psychology*, Vol. 40, No. 1, 2004, p. 14.

[21] Burchardt, T., Le Grand, J. and Piachaud, D., "Social Exclusion in Britain 1991-1995", *Social Policy and Administration*, Vol. 33, No. 3, 1999, p. 227.

[22] Buttle, F. A., "The CRM Value Chain", *Marketing Business*, Vol. 96, 2001, p. 52.

[23] Caillaud, B. and De Nijs, R., "Strategic Loyalty Reward in Dynamic Price Discrimination", *Marketing Science*, Vol. 33, No. 5, 2014, p. 725.

[24] Cao, Y. and Gruca, T. S., "Reducing Adverse Selection through Customer Relationship Management", *Journal of Marketing*, Vol. 69, No. 4, 2005, p. 219.

[25] Chen, R. P., Wan, E. W. and Levy, E., "The Effect of Social Exclusion on Consumer Preference for Anthropomorphized Brands", *Journal of Consumer Psychology*, Vol. 21, No. 1, 2017, p. 23.

[26] Cialdini, R. B., *The Psychology of Persuasion*, New York: Quill William Morrow, 1984.

[27] Clancy, S. M. and Dollinger, S. J., "Photographic Depictions of the Self: Gender and Age Differences in Social Connectedness",

Sex Roles, Vol. 29, No. 7, 1993, p. 477.

[28] Cross, S. E. and Madson, L., "Models of the Self: Self-construals and Gender", Psychological Bulletin, Vol. 122, No. 1, 1997, p. 5.

[29] DeBono, A. and Muraven, M., "Rejection Perceptions: Feeling Disrespected Leads to Greater Aggression than Feeling Disliked", Journal of Experimental Social Psychology, Vol. 55, 2014, p. 43.

[30] DeWall, C. N., Twenge, J. M. and Gitter, S. A. et al., "It's the thought that Counts: The Role of Hostile Cognition in Shaping Aggressive Responses to Social Exclusion", Journal of Personality and Social Psychology, Vol. 96, No. 1, 2009, p. 45.

[31] DeWall, C. N., Maner, J. K. and Rouby, D. A., "Social Exclusion and Early-stage InterPersonal perception: Selective Attention to Signs of Acceptance", Journal of Personality and Social Psychology, Vol. 96, No. 4, 2009, p. 729.

[32] DeWall, C. N. and Baumeister, R. F., "Alone but Feeling no Pain: Effects of Social Exclusion on Physical Pain Tolerance and Pain Threshold, Affective Forecasting, and Interpersonal Empathy", Journal of Personality and Social Psychology, Vol. 91, No. 1, 2006, p. 1.

[33] Dollard, D. J., Doob, L. W. and Miller, N. E. et al., Frustration and Aggression, Yale University Press, Vol. 30, No. 2, 1939, p. 286.

[34] Dorotic, M., Bijmolt, T. H. and Verhoef, P. C., "Loyalty Programmes: Current Knowledge and Research Directions", International Journal of Management Reviews, Vol. 14, No. 3, 2012, p. 217.

[35] Drèze, X. and Nunes, J. C., "Feeling Superior: The Impact of

Loyalty Program Structure on Consumers' Perceptions of Status", *Journal of Consumer Research*, Vol. 35, No. 6, 2009, p. 890.

[36] Duclos, R., Wan, E. W. and Jiang, Y., "Show Me the Honey! Effects of Social Exclusion on Financial Risk-taking", *Journal of Consumer Research*, Vol. 40, No. 1, 2013, p. 122.

[37] Dunning, D., "Self-image Motives and Consumer Behavior: How Sacrosanct Self-beliefs Sway Preferences in the marketplace", *Journal of Consumer Psychology*, Vol. 17, No. 4, 2007, p. 237.

[38] Eisenberger, N. I., Lieberman, M. D. and Williams, K. D., "Does Rejection Hurt? An fMRI Study of Social Exclusion", *Science*, Vol. 302, No. 5643, 2003, p. 290.

[39] Eisler, R. M. and Skidmore, J. R., "Masculine Gender Role Stress Scale Development and Component Factors in the Appraisal of Stressful Situations", *Behavior Modification*, Vol. 11, No. 2, 1987, p. 123.

[40] Exner, J. E., "The Self Focus Sentence Completion: A Study of Egocentricity", *Journal of Personality Assessment*, Vol. 37, No. 5, 1973, p. 437.

[41] Fishbach, A., Zhang, Y. and Trope, Y., "Counteractive Evaluation: Asymmetric Shifts in the Implicit Value of Conflicting Motivations", *Journal of Experimental Social Psychology*, Vol. 46, No. 1, 2010, p. 29.

[42] Fiske, S. T., Cuddy, A. J. C., Glick, P. and Xu, J., "A Model of (often mixed) Stereotype Content: Competence and Warmth Respectively Follow from Perceived Status and Competition", *Journal of Personality and Social Psychology*, Vol. 82, No. 6, 2002, p. 878.

[43] Fong, N. M., Fang, Z. and Luo, X., "Geo-conquesting:

Competitive Locational Targeting of Mobile Promotions", *Journal of Marketing Research*, Vol. 52, No. 5, 2015, p. 726.

[44] Franks, D. D. and Marolla, J., "Efficacious Action and Social Approval as Interacting Dimensions of Self – esteem: A Tentative Formulation through Construct Validation", *Sociometry*, Vol. 39, No. 4, 1976, p. 324.

[45] Galinsky, A. D., Gruenfeld, D. H. and Magee, J. C., "From Power to Action", *Journal of Personality and Social Psychology*, Vol. 85, No. 6, 2003, p. 453.

[46] Galinsky, A. D., Magee, J. C. and Gruenfeld, D. H. et al., "Power Reduces the Press of the Situation: Implications for Creativity, Conformity, and Dissonance", *Journal of Personality and Social Psychology*, Vol. 95, No. 6, 2008, p. 1450.

[47] Galinsky, A. D., Magee, J. C. and Inesi, M. E. et al., "Power and Perspectives not Taken", *Psychological Science*, Vol. 17, No. 12, 2006, p. 1068.

[48] Gangestad, S. W. and Scheyd, G. J., "The Evolution of Human Physical Attractiveness", *Annual Review of Anthropolgy*, Vol. 34, No. 1, 2005, p. 523.

[49] Gardner, W. L., Pickett, C. L. and Brewer, M. B., "Social Exclusion and Selective Memory: How the Need to Belong Influences Memory for Social Events", *Personality and Social Psychology Bulletin*, Vol. 26, No. 4, 2000, p. 486.

[50] Gecas, V., "The Self – concept", *Annual Review of Sociology*, Vol. 8, No. 8, 1982, p. 1.

[51] Gierl, H. and Huettl, V., "Are Scarce Products Always More Attractive? The Interaction of Different Types of Scarcity Signals with Products' Suitability for Conspicuous Consumption", *International Journal of Research in Marketing*, Vol. 27, No. 3, 2010,

p. 225.

[52] Gillespie, B. L. and Eisler, R. M., "Development of the Feminine Gender Role Stress Scale A Cognitive – behavioral Measure of Stress, Appraisal, and Coping for Women", *Behavior Modification*, Vol. 16, No. 3, 1992, p. 426.

[53] Greenwald, A. G. and Pratkanis, A. R., "The Self", in Wyer, R. S. and Srull, T. K. eds., *Handbook of Social Cognition*, Vol. 1, New Jersey: L. Erlbaum Associates, 1984, p. 129.

[54] Groth, J. C. and McDaniel, S. W., "The Exclusive Value Principle: The Basis for Prestige Racing", *Journal of Consumer Marketing*, Vol. 10, No. 1, 1993, p. 10.

[55] Gómez, Á., Morales, J. F. and Hart, S. et al., "Rejected and Excluded Forevermore, but Even More Devoted Irrevocable Ostracism Intensifies Loyalty to the Group among Identity – Fused Persons", *Personality and Social Psychology Bulletin*, Vol. 37, No. 12, 2011, p. 1574.

[56] Haenlein, M. and Kaplan, A. M., "An Empirical Analysis of Attitudinal and Behavioral Reactions toward the Abandonment of Unprofitable Customer Relationships", *Journal of Relationship Marketing*, Vol. 9, No. 4, 2010, p. 200.

[57] Hobby, J., "Looking after the One Who Matters", *Accountancy Age*, Vol. 28, 1999, p. 28.

[58] Holland, R. W., Roeder, U. R. and Brandt, A. C. et al., "Don't Stand so Close to Me the Effects of Self – construal on Interpersonal closeness", *Psychological Science*, Vol. 15, No. 4, 2004, p. 237.

[59] IJzerman, H., Gallucci, M. and Pouw, W. T. et al., "Cold – blooded Loneliness: Social Exclusion Leads to Lower Skin Temperatures", *Acta Psychologica*, Vol. 140, No. 3, 2012, p. 283.

[60] Johnson, W. and Krueger, R. F., "How Money Buys Happiness: Genetic and Environmental Processes Linking Finances and Life Satisfaction", *Journal of Personality and Social Psychology*, Vol. 90, No. 4, 2006, p. 680.

[61] Kay, A. C., Jimenez, M. C. and Jost, J. T., "Sour Grapes, Sweet Lemons, and the Anticipatory Rationalization of the Status quo", *Personality and Social Psychology Bulletin*, Vol. 28, No. 9, 2002, p. 1300.

[62] Kervyn, N., Fiske, S. T. and Malone, C., "Brands as Intentional Agents Framework: How Perceived Intentions and Ability Can Map Brand Perception", *Journal of Consumer Psychology*, Vol. 22, No. 2, 2012, p. 166.

[63] Knausenberger, J., Hellmann, J. H. and Echterhoff, G., "When Virtual Contact is all You Need: Subtle Reminders of Facebook Preempt Social – contact Restoration after Exclusion", *European Journal of Social Psychology*, Vol. 45, No. 3, 2015, p. 279.

[64] Kwang, T., Crockett, E. E. and Sanchez, D. T. et al., "Men Seek Social Standing, Women Seek Companionship Sex Differences in Deriving Self – worth from relationships", *Psychological Science*, Vol. 24, No. 7, 2013, p. 1142.

[65] Kühnen, U., Hannover, B. and Schubert, B., "The Semantic – procedural Interface Model of the Self: The Role of Self – knowledge for Context – dependent versus Context – independent Modes of Thinking", *Journal of Personality and Social Psychology*, Vol. 80, No. 3, 2001, p. 397.

[66] Lakin, J. L., Chartrand, T. L. and Arkin, R. M., "I am too Just Like You Nonconscious Mimicry as an Automatic Behavioral Response to Social Exclusion", *Psychological Science*, Vol. 19,

No. 8, 2008, p. 816.

[67] Langlois, J. H., Ritter, J. M. and Roggman, L. A. et al., "Facial Diversity and Infant Preferences for Attractive Faces", *Developmental Psychology*, Vol. 27, No. 1, 1991, p. 79.

[68] Leary, M. R., Tambor, E. S. and Terdal, S. K. et al., "Self-esteem as an Interpersonal Monitor: The Sociometer Hypothesis", *Journal of Personality and Social Psychology*, Vol. 68, No. 3, 1995, p. 518.

[69] Lee, J. and Shrum, L. J., "Conspicuous Consumption versus Charitable Behavior in Response to Social Exclusion: A Differential Needs Explanation", *Journal of Consumer Research*, Vol. 39, No. 3, 2012, p. 530.

[70] Lee, F. and Tiedens, L. Z., "Is it Lonely at the Top?: The Independence and Interdependence of Power Holders", *Research in Organizational Behavior*, Vol. 23, No. 1, 2001, p. 43.

[71] Lemay, E. P., Clark, M. S. and Greenberg, A., "What is Beautiful is Good because What is Beautiful is Desired: Physical Attractiveness Stereotyping as Projection of Interpersonal Goals", *Personality and Social Psychology Bulletin*, Vol. 26, No. 3, 2010, p. 339.

[72] Levitas, R., Pantazis, C. and Fahmy, E. et al., "The Multi-dimensional Analysis of Social Exclusion", Bristol: Department of Sociology and School for Social Policy, University of Bristol, 2007.

[73] Loveland, K. E., Smeesters, D. and Mandel, N., "Still Preoccupied with 1995: The Need to Belong and Preference for Nostalgic Products", *Journal of Consumer Research*, Vol. 37, No. 3, 2010, p. 393.

[74] MacDonald, G. and Leary, M. R., "Why does Social Exclusion

Hurt? The Relationship between Social and Physical Pain", *Psychological Bulletin*, Vol. 131, No. 2, 2005, p. 202.

[75] Madson, L. and Trafimow, D., "Gender Comparisons in the Private, Collective, and Allocentric Selves", *Journal of Social Psychology*, Vol. 141, No. 4, 2001, p. 551.

[76] Markus, H. R. and Kitayama, S., "Culture and the Self: Implications for Cognition, Emotion and Motivation", *Psychological Review*, Vol. 98, No. 2, 1991, p. 224.

[77] Maslow, A. H., "A Theory of Human Motivation", *Psychological Review*, Vol. 50, No. 4, 1943, p. 370.

[78] McGuire, W. J. and McGuire, C. V., "Significant Others in Self-space: Sex Differences and Developmental Trends in the Social Self", *Psychological Perspectives on The Self*, 1982, p. 71.

[79] Mead, N. L., Baumeister, R. F. and Stillman, T. F. et al., "Social Exclusion Causes People to Spend and Consume Strategically in the Service of Affiliation", *Journal of Consumer Research*, Vol. 37, No. 5, 2011, p. 902.

[80] Meier-Pesti, K. and Penz, E., "Sex or Gender? Expanding the Sex-based View by Introducing Masculinity and Femininity as Predictors of Financial Risk Taking", *Journal of Economic Psychology*, Vol. 29, No. 2, 2008, p. 180.

[81] Meyers-Levy, J. and Loken, B., "Revisiting Gender Differences: What We Know and What Lies Ahead", *Journal of Consumer Psychology*, Vol. 25, No. 1, 2015, p. 129.

[82] Moon, Y. and Quelch, J., *Starbucks: Delivering Customer Service*, Harvard Business School Publication, 2006.

[83] Murphy, P. N. and Standing, L. G., "Tactile Warmth Reduces Loneliness, But Visual Warmth Does Not", *Psychology Journal*, Vol. 11, No. 2, 2014, p. 68.

[84] Natter, M., Ozimec, A. M. and Kim, J. Y., "Practice Prize Winner – ECO: Entega's Profitable New Customer Acquisition on Online Price Comparison Sites", *Marketing Science*, Vol. 34, No. 6, 2015, p. 789.

[85] O'cass, A. and McEwen, H., "Exploring Consumer Status and Conspicuous Consumption", *Journal of Consumer Behaviour*, Vol. 4, No. 1, 2004, p. 25.

[86] Ortner, T. M. and Sieverding, M., "Where are the Gender Differences? Male Priming Boosts Spatial Skills in Women", *Sex Roles*, Vol. 59, No. 3, 2008, p. 274.

[87] Ouwerkerk, J. W., Kerr, N. L. and Gallucci, M. et al., "Avoiding the Social Death Penalty: Ostracism and Cooperation in Social Dilemmas", in Pickett, C. L., Gardner, W. L. and Williams, K. D. et al., eds., *The Social Outcast: Ostracism, Social Exclusion, Rejection and Bullying*, Great Britain: Psychology Press, 2005, p. 321.

[88] Palmeira, M., Pontes, N. and Thomas, D. et al., "Framing as Status or Benefits? Consumers' Reactions to Hierarchical Loyalty Program Communication", *European Journal of Marketing*, Vol. 50, No. 3, 2016, p. 488.

[89] Park, C. W., Jaworski, B. J. and MacInnis, D. J., "Strategic Brand Concept – image Management", *Journal of Marketing*, Vol. 50, No. 4, 1986, p. 135.

[90] Payne, A. and Frow, P., "A Strategic Framework for Customer Relationship Management", *Journal of Marketing*, Vol. 69, No. 4, 2005, p. 167.

[91] Pickett, C. L., Gardner, W. L. and Knowles, M., "Getting a Cue: The Need to belong and Enhanced Sensitivity to Social Cues", *Personality and Social Psychology Bulletin*, Vol. 30,

No. 9, 2004, p. 1095.

[92] Pieters, R., "Bidirectional Dynamics of Materialism and Loneliness: Not Just a Vicious Cycle", *Journal of Consumer Research*, Vol. 40, No. 4, 2013, p. 615.

[93] Preacher, K. J., Rucker, D. D. and Hayes, A. F., "Addressing Moderated Mediation Hypotheses: Theory, Methods and Prescriptions", *Multivariate Behavioral Research*, Vol. 42, No. 1, 2007, p. 185.

[94] Rosenberg, M., *Society and the Adolescent Self-image*, Princeton NJ: Princeton University Press, 1989.

[95] Salovey, P., "Mood-induced Self-focused Attention", *Journal of Personality and Social Psychology*, Vol. 62, No. 4, 1992, p. 699.

[96] Shin, J., Sudhir, K. and Yoon, D. H., "When to 'Fire' Customers: Customer Cost-based Pricing", *Management Science*, Vol. 58, No. 5, 2012, p. 932.

[97] Sidanius, J., Pratto, F. and Bobo, L., "Social Dominance Orientation and the Political Psychology of Gender: A Case of Invariance?" *Journal of Personality and Social Psychology*, Vol. 67, No. 6, 1994, p. 998.

[98] Spence, J. T. and Helmreich, R., *The Psychological Dimensions of Masculinity and Femininity: Their Correlates and Antecedents*, Texas: University of Texas Press, 1978.

[99] Stenseng, F., Belsky, J., Skalicka, V. and Wichstrøm, L., "Social Exclusion Predicts Impaired Self-Regulation: A 2-Year Longitudinal Panel Study Including the Transition from Preschool to School", *Journal of Personality*, Vol. 83, No. 2, 2015, p. 212.

[100] Stillman, T. F., Baumeister, R. F. and Lambert, N. M. et al., "Alone and without Purpose: Life Loses Meaning Following Social

Exclusion", *Journal of Experimental Social Psychology*, Vol. 45, No. 4, 2009, p. 686.

[101] Taddei, A., "London Clubs in the Late Nineteenth Century", *Oxford University Economic and Social History*, No. 28, 1999.

[102] Tafarodi, R. W. and Swann, W. B., "Two-dimensional Self-esteem: Theory and Measurement", *Personality and Individual Differences*, Vol. 31, No. 5, 2001, p. 653.

[103] Thau, S., Aquino, K. and Poortvliet, P. M., "Self-defeating Behaviors in Organizations: The Relationship between Thwarted Belonging and Interpersonal Work Behaviors", *Journal of Applied Psychology*, Vol. 92, No. 3, 2007, p. 840.

[104] Thoits, P. A., "Identity Structures and Psychological Well-being: Gender and Marital Status Comparisons", *Social Psychology Quarterly*, Vol. 55, No. 3, 1992, p. 236.

[105] Trafimow, D., Triandis, H. C. and Goto, S. G., "Some Tests of the Distinction between the Private Self and the Collective Self", *Journal of Personality and Social Psychology*, Vol. 60, No. 5, 1991, p. 649.

[106] Triandis, H. C., "The Self and Social Behavior in Differing Cultural Contexts", *Psychological Review*, Vol. 96, No. 3, 1989, p. 506.

[107] Twenge, J. M., Catanese, K. R. and Baumeister, R. F., "Social Exclusion Causes Self-defeating Behavior", *Journal of Personality and Social Psychology*, Vol. 83, No. 3, 2002, p. 606.

[108] Twenge, J. M., Catanese, K. R. and Baumeister, R. F., "Social Exclusion and the Deconstructed State: Time Perception, Meaninglessness, Lethargy, Lack of Emotion, and Self-awareness", *Journal of Personality and Social Psychology*, Vol. 85, No. 3, 2003, p. 409.

[109] Twenge, J. M., Baumeister, R. F. and Tice, D. M. et al., "If You can't Join Them, Beat Them: Effects of Social Exclusion on Aggressive Behavior", *Journal of Personality and Social Psychology*, Vol. 81, No. 6, 2001, p. 1058.

[110] Vohs, K. D., Mead, N. L. and Goode, M. R., "The Psychological Consequences of Money", *Science*, Vol. 314, No. 5802, 2006, p. 1154.

[111] Vohs, K. D., Mead, N. L. and Goode, M. R., "Merely Activating the Concept of Money Changes Personal and Interpersonal Behavior", *Current Directions in Psychological Science*, Vol. 17, No. 3, 2008, p. 208.

[112] Walsh, G., "Disadvantaged Consumers' Experiences of Marketplace Discrimination in Customer Services", *Journal of Marketing Management*, Vol. 25, No. 1, 2009, p. 143.

[113] Walsh, G. and McGuire, D., "Minority Consumers' Experiences of Marketplace Discrimination in Services: A Conceptual Model of Antecedents and Customer Outcomes", *Advances in Consumer Research*, Vol. 34, 2007, p. 278.

[114] Wan, E. W., Xu, J. and Ding, Y., "To be or not to be Unique? The Effect of Social Exclusion on Consumer Choice", *Journal of Consumer Research*, Vol. 40, No. 6, 2014, p. 1109.

[115] Warburton, W. A., Williams, K. D. and Cairns, D. R., "When Ostracism Leads to Aggression: The Moderating Effects of Control Deprivation", *Journal of Experimental Social Psychology*, Vol. 42, No. 2, 2006, p. 213.

[116] Ward, M. K. and Dahl, D. W., "Should the Devil Sell Prada? Retail Rejection Increases Aspiring Consumers' Desire for the Brand", *Journal of Consumer Research*, Vol. 41, No. 3, 2014, p. 590.

[117] Wegner, D. M. and Giuliano, T., "Arousal – induced Attention to Self", *Journal of Personality and Social Psychology*, Vol. 38, No. 5, 1980, p. 719.

[118] Williams, K. D., "Ostracism", *Psychology*, Vol. 58, No. 1, 2007, p. 425.

[119] Williams, K. D., "Ostracism: A Temporal Need – threat Model", *Advances in experimental Social Psychology*, Vol. 41, 2009, p. 275.

[120] Williams, K. D. and Sommer, K. L., "Social Ostracism by Coworkers: Does Rejection Lead to Loafing or Compensation?", *Personality and Social Psychology Bulletin*, Vol. 23, No. 7, 1997, p. 693.

[121] Winterich, K. P., Mittal, V. and Ross, Jr. W. T., "Donation Behavior toward in – groups and out – groups: The Role of Gender and Moral Identity", *Journal of Consumer Research*, Vol. 36, No. 2, 2009, p. 199.

[122] Wood, J. V., Saltzberg, J. A. and Goldsamt, L. A., "Does Affect Induce Self – focused Attention?", *Journal of Personality and Social Psychology*, Vol. 58, No. 5, 1990, p. 899.

[123] Xia, L., Monroe, K. B. and Cox, J. L., "The Price is Unfair! A Conceptual Framework of Price Fairness Perceptions", *Journal of Marketing*, Vol. 68, No. 4, 2004, p. 1.

[124] Yanagisawa, K., Masui, K. and Furutani, K. et al., "Does Higher General Trust Serve as a Psychosocial Buffer Against Social Pain? An NIRS Study of Social Exclusion", *Social Neuroscience*, Vol. 6, No. 2, 2011, p. 190.

[125] Yarmey, A. D., "Adult Age and Gender Differences in Eyewitness Recall in Field Settings", *Journal of Applied Social Psychology*, Vol. 23, No. 23, 1993, p. 1921.

[126] Zhang, Y. and Fishbach, A. , "Counteracting Obstacles with Optimistic Predictions", *Journal of Experimental Psychology: General*, Vol. 139, No. 1, 2010, p. 16.

[127] Zhong, C. B. and Leonardelli, G. J. , "Cold and Lonely does Social Exclusion Literally Feel Cold?", *Psychological Science*, Vol. 19, No. 9, 2008, p. 838.

[128] Zhou, X. , Vohs, K. D. and Baumeister, R. F. , "The Symbolic Power of Money Reminders of Money Alter Social Distress and Hhysical Pain", *Psychological Science*, Vol. 20, No. 6, 2009, pp. 700 – 706.